走大运

中国大运河研学之旅

姜师立 著

中国城市出版社

序：沿着运河看中国 跟着本书走大运

中国大运河（以下简称“大运河”）是京杭大运河、隋唐运河、浙东运河的统称，是世界上开凿较早、沿用时间最久、规模最大的运河。2014 年 6 月 22 日大运河成功入选联合国《世界遗产名录》。

在纪念大运河成为世界遗产 10 周年之际，姜师立先生推出《走大运》这本书，回忆大运河申遗的峥嵘岁月，通过一处处遗存来介绍大运河丰富的文化资源，从交通运输、经济发展、科技进步和运河生活等方面，分析大运河的历史价值和现实价值，激发人们特别是年轻一代对大运河的热爱和探寻，沿着大运河去旅游和研学。

作者姜师立，曾任大运河联合申报世界文化遗产办公室专职副主任，亲历了申遗过程，组织并参与了申遗的关键工作。申遗成功后又投身于大运河文化的研究和大运河文化带建设的研究，出版过《中国大运河百问》《中国大运河文化》《中国大运河遗产》《大运河文化的传承与创新》《活在大运河》《运河王朝》《传奇中国：大运河》《大运河国家文化公园 100 问》等专著，对大运河的过去、现在和未来进行了独特思考和深入研究，成为备受关注的大运河研究专家。他既是创立运河学的倡导者，更是创立运河学的实践者。

大运河文化是中华优秀传统文化的重要组成，也是新时代优秀文化的重要体现，是开展研学游的重要资源。本书就是为研学游而谋篇布局的。本书发掘和阐述了中国大运河的丰富内涵，凸显了大运河的传奇之处，可以作为国民了解大运河文化的全新读本。

全书以“回望十年申遗路”，反映申遗人为大运河成为世界遗产所作出的艰辛努力。通过“水利工程的奇迹”“帝国漕运的通道”“沿线人民的母亲河”“文化交流的纽带”等四个方面全面介绍大运河。最后通过“打造国际旅游目的地”，对运河旅游历史和运河旅游资源进行介绍，吸引人们特别是年轻人沿着运河看中国，跟着书本走大运。全书主题鲜明，文笔灵动，亮点突出，既有历史厚重感，又有清新的时代气息。

值得一提的是本书独特设计。一是图文并茂，可读性强。二是引导研学，互动性强。本书是一本开放式互动图书，每章前标出重要打卡点，引导读者跟着大运河遗迹去研学打卡。读者可以去这些打卡点拍照、发朋友圈打卡，打卡到一定数目可以获得沿线相应文旅企业的奖励。这种开放式互动设计可能是出版界一个新创意。

我从小就生活在京杭大运河边，一直感受着大运河带给沿岸人民的便利。党的十八大以来，习近平总书记高度重视大运河的保护、维修和利用，沿线各省市齐心协力抓落实，使得大运河及其流域的遗存、堤岸、水工、生态、通水、航运等各方面发生了深刻变化，沿线名城名镇建设、大运河文化的发掘、研究和开发方兴未艾，大运河国家文化公园建设取得长足进展，大运河旅游成为一个热门旅游产品。大运河也成为一条友谊的纽带，把世界各有关国家的运河城市联系在一起，我的家乡扬州成为“世界运河历史文化城市合作组织”（英文缩写 WCCO）总部所在地，“世界运河城市论坛”年年在扬州举办。我的《诗咏运河》一书就是 WCCO 秘书处为论坛而于 2020 年推出的。

姜师立先生，曾经的大运河“申遗”工作的全程参与者，现为扬州市文联主席。扬州是中华诗词学会较早认定的“中华诗词之市”；扬州诗词协会则隶属于他所领导的文联。他热情指导和支持诗词工作，参加诗词活动，使得我们不时在扬州见面。在繁忙的工作之余，他写出这么多关于大运河的书，充分显示了他对大运河的热爱、对研究工作的热爱、对文化的热爱。

愿本书助你走大运、行大运！

周文彰

2024 年 3 月 3 日

周文彰，“世界运河历史文化城市合作组织”（英文缩写 WCCO，总部设在扬州）顾问、中华诗词学会会长，原国家行政学院副院长、教授、博士生导师。出版有《诗咏运河》等著译 30 多部。

目 录

第一章　回望十年申遗路

第二章　水利工程的奇迹

第四章　沿线人民的母亲河

第六章　国际旅游目的地

杭州
罗哲文小道

扬州
中国大运河原点公园

吴王夫差塑像

大运河联合申遗办
办公地点扬州龙头关

运博会永久会址扬州
京杭之心

台儿庄古城

隋炀帝陵遗址
公园

扬州东关古渡世界
遗产标志碑

扬州瘦西湖世界
遗产标志碑

第一章

回望十年申遗路

2024年6月22日是中国大运河申遗成功十周年纪念日，而从2004年大运河申遗提出到2014年大运河申遗成功也是整整十年。在纪念申遗成功十周年之际，回望曾经走过的十年申遗征程百感交集，这里记叙下申遗过程中的几个故事，以纪念那段难忘的岁月。

1. “运河三老”的一封信

作为21世纪的一项重大文化工程，大运河申报世界遗产最早是在2004年由当时的国家文物局局长单霁翔提出来的，他在参加南水北调东线工程文物保护项目调研时，得知南水北调仅一期工程就涉及文物919件，而工程前期设计过程中并没有充分征求文物部门意见，相关文物保护工作也没有完全纳入工程规划设计，可行性研究中也没有工程项目计划及预算。在2004年3月召开的全国政协十届二次会议上，他邀请文物口的7位政协委员，联名提交了《关于大运河文化遗产保护亟待加强的提案》。提案明确提出大运河遗址保护的工作做到“三纳入”：纳入南水北调东线工程规划设计，纳入工程建设计划，纳入工程预算，以保护好大运河这一珍贵的文化遗产。

这件提案一经提出，立即引起了文物保护界和新闻媒体的高度关注。《中华遗产》杂志立即就大运河遗产的保护采访了单霁翔，然后以《大运河保护迫在眉睫》为题，发表了专访文章。在访谈中，单霁翔提出：“针对大运河保护面临的诸多问题，目前亟须确定大运河作为人类文化遗产的特质与地位。”“大运河及其沿线相关古迹不仅应在南水北调工程中得到有效保护，而且也应作为一个整体申报世界遗产。”这是第一次正式公开提出大运河申遗的概念。

单霁翔在与世界遗产专家交流

罗哲文、郑孝燮与齐欣在讨论

但真正使大运河申遗走向行动的是“运河三老”的一封信。2005年11月，《人民日报》海外版记者齐欣参加在杭州举行的西湖风景区规划讨论会，他约上中国铜雕艺术大师朱炳仁先生一同拜访了参会的罗哲文先生和郑孝燮先生，讨论用什么方法，推动大运河申遗，最有效的方法应该就是发表一封公开信。齐欣与罗哲文、郑孝燮、朱炳仁 3 位先生进行了 5 次讨论，形成了公开信的初稿，打算在中国加入《世界遗产公约》20 周年之际推出。

2005 年 12 月 15 日，公开信通过新闻媒体发表了"运河三老"联名向京杭大运河沿岸 18 个城市的市长发出《关于加快京杭大运河遗产保护和"申遗"工作的信》，信中呼吁："加快京杭大运河申报物质文化和非物质文化两大遗产的工作进程。"

关于加快京杭大运河遗产保护和"申遗"工作的信

各位尊敬的市长：

在纪念我国加入《保护世界文化与自然遗产公约》20 周年及 2006 年新年到来之际，我们三位年老的城市规划与建筑、文物古建筑保护和工艺美术工作者，怀着急迫的心情，联名致信给您，呼吁用创新的思路，加快大运河在申报物质文化和非物质文化两大遗产领域的工作进程。

文化是一个国家综合国力的象征。以我们多年的经验来看，京杭大运河可是个无价之宝呀！沿岸的文化与自然遗产内容令人目不暇接。如果再加上还未被发掘的非物质文化遗产，那就更令人兴奋。如果将京杭大运河的历史价值、文化内涵和对中国历史发展的贡献相加，可以毫不夸张地说，足以与长城媲美。

我们坚信，京杭大运河申遗的成功率非常大，甚至大过目前正在排队等待的许多申报项目。

自 1985 年，由侯仁之、阳含熙和我们中的郑孝燮、罗哲文等四位全国政协委员提出中国应该加入《保护世界文化与自然遗产公约》以来，至今已经经历了 20 个年头，而且我们国家的收获甚丰。中国已有 31 个项目名列世界文化和自然遗产名录；并有三项口述和非物质文化遗产列入了名录。这是国家的大好事，是民族的盛事，我们的后代将会感谢和铭记所有为此作出贡献的人。

但是由于各种原因，京杭大运河的“申遗”工作迟滞裹足不前。这也造成了目前大运河由于行政区划而产生的保护与发展规划不一致甚至相左。为此我们向您建议，这项工作不仅不能再拖，而且，在大运河沿岸的经济发展高潮还未到来之际，务必还要使主管部门将申报自然文化遗产与申报非物质文化遗产结合在一起通盘考虑。这样才能做到全面。

站在历史的高度来看，京杭大运河的价值和风貌传承千万不能在我们这一代人手中“断流”。而更重要的是与以往的文物景观不同，京杭大运河是一个流动的、还活着的遗产。所以必须保护，还要考虑发展，发展中要涵括保护。这才是我们申遗的目的。可有效促进当地社会经济和文化的可持续发展。

我们完全有理由相信，通过“申遗”，京杭大运河完全可形成一条有中国特色的新的文化与自然景观带；在保护和弘扬了中华千年文化的同时，还能够使京杭大运河沿岸人民的生活变得更美好。

北京郑孝燮（90 岁）
北京罗哲文（82 岁）
杭州朱炳仁（61 岁）
2005 年 12 月 15 日

2005 年 12 月 15 日，新华社分别向国内和国外发布了通稿，12 月 23 日，新浪网采访了罗哲文、朱炳仁、齐欣；2006 年 1 月 16 日《人民日报》“今日聚焦”刊登了刘琼的《运河申遗卡在哪？》。不到一个月的时间里，国内主要的新闻媒体一起发声，对这封信进行了全面的解读，为大运河申遗营造了浓厚的氛围。

公开信发出后，最先回应的是当时的杭州市委主要领导。他批示：“我市应在大运河申遗中作出主要贡献。”随后扬州市和北京通州区也作了书面回应。而全国政协也作了积极的回应，打算利用即将召开的2006年全国两会提出有关大运河申遗的提案。

齐欣与罗老在杭州罗哲文小道上

据央视新闻频道对罗老和郑老的采访，早在20世纪80年代长城申遗时，两位老人就曾作过第一次努力，向国家文物局建议大运河像长城一样申遗，但被挡了回来。理由很简单：因为文物是不能动的，长城不能动、故宫也不能动，而大运河是活态的，不能算文物。因为当时对世界遗产的认识还不像如今这样全面深刻，中国还没有活态遗产的概念，大家都认为，“文物是死的，而大运河是活着的。大运河本体不能算文物。”而罗老认为：“大运河如果不申报、不加以保护，那的确是中华民族历史文化很大的损失。”

公开信发表后，在全国舆论界引起了轰动，但就操作层面仍然难以取得进展，原因是对大运河这种活态遗产，究竟算什么类型的遗产，该由哪个部门负责申遗，在当时中国对世界遗产的认识还不全面的情况下，确实难以界定。这时，他们了解到联合国教科文组织的一个新规定：遗产运河也可以作为世界文化遗产种类进行申报，国外一些运河获得了世界遗产称号。两位老人认为，大运河申报世界遗产的机会终于来了。罗老赶紧跑去问负责申报世界文化遗产的专家。专家回答说：“大运河如果我们这里能提得（申请）出去，在世界上（世界遗产委员会）那肯定能通过。”但大运河沿线有几十座城市，谁来牵头申遗？

杭州人为了纪念罗哲文先生的首倡运河申遗之举，在杭州运河边罗哲文经常散步的地方建起了罗哲文小道，您到杭州可一定要去运河边的罗哲文小道去走一走。

2. 大运河申遗牵头城市花落扬州

罗哲文和郑孝燮先生为大运河申报世界遗产寻找牵头人时，最早想到的是杭州。他们找到了杭州市委当时的主要领导，他完全认同两位老人对京杭大运河价值的定位，表示："配合老人做好申报工作。"当时杭州已经成立了一个运河集团，两位老人主动找上门去，想让这个集团来负责这件事，但对方的反应却不积极："杭州要牵头不可能，只能做好自己分内的事情。"

杭州不行，两个老人并没有气馁，他们相中了第二个目标——扬州。因为扬州是大运河最早开凿的地方，又是与运河同生共长的城市，与运河的关系太密切了。经过 4 个小时的奔波，他们赶到了扬州。当时的扬州市委副书记热情地接待了老人们，表示很希望申报的时候能把扬州的运河段作为代表段，但扬州市相关部门负责人却认为扬州牵头更不可能，因为南北协调很困难。

在罗老、郑老的倡导下，2006 年 3 月全国政协十届四次会议上，58 位全国政协委员联名提交了《应高度重视京杭大运河的保护和启动"申遗"工作的提案》。提案提出了四点建议：建立统一协调机

经过整治的扬州段古运河

制，切实加强组织领导；制定保护条例，依法推进保护；统筹考虑保护利用，科学实施南水北调工程；广泛动员各方力量，共同参与保护和申遗工作，让古老的大运河绽放出更加绚丽的光彩。

2006年全国两会后不久，就在5月份，为推动大运河申遗工作尽快启动，全国政协组织了一次“京杭大运河保护与申遗考察”。考察团历经10天，对京杭大运河沿线的北京、天津、河北、山东、江苏、浙江6省市的18个运河城市、30余个县区的各个运河河段进行了考察。

5月22日，考察团到了杭州后，全国政协文史与学习委员会邀请有关部委和运河沿线城市的市长，在杭州召开了“京杭大运河保护与申遗研讨会”。研讨会上，专家们积极发言，妙语连珠，有时还相互争论。杭州会议上，有一个城市的发言引起了全场的关注，那就是扬州市市长的发言。她在发言中说：“作为中国大运河发端之地的城市市长，我希望得到各位领导和专家，以及各兄弟城市更多的关注、支持与帮助。在此我郑重表态与承诺，扬州愿同沿运河各兄弟城市携起手来，积极行动，互相促进，取长补短，共同完成大运河申遗这一当代文化伟业，延续历史，传承文明，造福当今，惠及后世。”

这场研讨会促使大运河申遗从提案走向了行动，会议一结束，大运河申遗立即列入了国家文物局的议事日程。当年6月，国家文物局将京杭大运河公布为全国重点文物保护单位；同年12月，新修订的《中国世界文化遗产预备名单》，京杭大运河列入其中。这样，大运河文化遗产保护整体行动在神州大地上蓬勃展开，大运河申报世界遗产的大幕正式拉开。

杭州会议一结束，扬州市市长立马赶回扬州，找来时任扬州市文物局副局长的顾风，迫不及待地把自己的想法告诉他：作为与大运河同生共长的城市，扬州不仅不能缺席大运河申遗工作，而且要争取做表率。

2007年春季的一天，扬州市的代表奔赴北京，拜访了文化部和国家文物局的主要领导，明确表达了扬州争做牵头城市的优势与决心。国家文物局正愁找不到一个适合牵头而又愿意牵头的大运河申遗牵头城市，现在看到扬州这么热心于文化遗产保护，真是喜出望外。

2007年6月20日，国家文物局在北京召开了大运河保护与申遗协调会，会上将确定哪个城市成为联合申遗的牵头城市。在运河沿线的众多城市中，扬州、济宁、无锡成为最后的角逐者。说实话，这三座城市对运河的感情都很深：扬州因吴王夫差开邗沟挖下的运河第一锹，成为大运河的原点城市；济宁曾作为明清两代河道总督的驻地，被称为运河之都；而无锡因为大运河的滋养，发展成为中国近代工业的发祥地之一，也是运河沿线的著名城市。

吴王夫差塑像

北京会议上，三个城市的代表展开了紧张激烈的比拼。济宁的代表上场了，他先声夺人，带着山东人的豪爽，信心满满地说："如果让济宁牵头，济宁将拿出一幢4层的办公楼给联合申遗办。"无锡的代表则显得财大气粗，志在必得："申遗是要有经济做后盾的，我们无锡将保证一年给申遗办几千万元的办公经费。"轮到扬州陈述时，发言内容却让在场的专家大出意料。扬州代表侃侃而谈，条分缕析了扬州和运河的特殊渊源、运河对扬州的恩泽及扬州人对运河的深厚感情，客观理性地陈述了扬州牵头申遗的诸多优势；同时，又毫不回避地提出申遗将面临的种种困难，表示扬州将在国家文物局的支持下，与沿线城市一起克服这些困难，力争成功申遗。正是扬州的这种敢于正视问题的理性和担当，敢于直面困难的勇气与信心，深深打动了现场的专家评委，联合申遗的牵头城市花落扬州。

北京归来，扬州立马行动。扬州先从组织架构入手，启动了联合申遗办的组建工作，市编办迅速批给了联合申遗办10个全额拨款事业单位的编制，市里还将位于运河边龙头关的一处老宅子划拨给申遗办作为办公场所。为呼应大运河申遗，扬州还倡导筹办了"中国扬州世界运河名城博览会暨世界运河城市论坛"，搭建起一个平台，让大运河沿线的众多城市与世界运河城市交流保护与申遗的经验，同时，也创建了一个宣传推介中国大运河的窗口。

2007 年 9 月 26 日，首届中国扬州世界运河名城博览会正式开幕。在开幕式上，国家文物局文物保护（世界遗产）司负责人宣读了国家文物局的决定，确定扬州市为大运河联合申遗的牵头城市，并在扬州成立中国大运河联合申报世界文化遗产办公室（以下简称“联合申遗办”）。在大运河沿线城市市长和代表热烈的掌声中，国家文物局局长单霁翔亲自为大运河联合申遗办揭牌。这样，扬州正式担起了牵头大运河申遗的重任。

原点公园视频

到扬州，您可一定要去大运河原点公园看看，这里有一个《运河密城》项目，设计了九宫格，随机生成四条线路，通过剧本杀的形式来宣传运河文化，值得您来探密运河。

扬州古邗沟遗址

联合申遗办的第一处办公场所古运河边的龙头关

单霁翔为大运河联合申遗办揭牌

3. 大运河申遗吹响集结号

大运河联合申遗办成立伊始，申遗办开始招兵买马，组建队伍。与此同时，大运河沿线的城市也纷纷成立了相应的大运河申遗办，一支支专职从事大运河申遗工作的人马纷纷集结。

2008 年 3 月 24 日，国家文物局在扬州召开大运河保护与申遗第一次工作会议，大运河正式进入申报世界遗产工作程序。这是大运河沿线城市申遗工作者的首次大集中，也首次明确了大运河申遗工作方案。更重要的是确定了大运河申遗的主体——33 个运河城市成立了大运河保护与申遗城市联盟，从此大运河以城市联盟的形式申报世界遗产。这也是我国历史上首次以城市联盟的形式进行世界遗产申报。2008 年 6 月，以罗哲文为代表的许多专家学者支持将浙东运河列入中国大运河申遗。当年 10 月，国家文物局明确指出宁波是海上丝绸之路的起点，建议将浙东运河加入大运河申遗。不久，浙东运河正式列入中国大运河申遗，大运河申遗由原先 33 座城市扩展到 35 座城市。

2009 年 4 月 23 日，经国务院批准，文化部、国家文物局牵头，国务院的 13 个主管部门和大运河沿线 8 个省、直辖市人民政府共同设立了大运河保护和申遗省部际会商小组。文化部部长任会商小组组长，国家文物局局长任会商小组副组长，国务院各相关主管部门的分管负责人、大运河沿线省（直辖市）人民政府的分管副省长（副市长）为会商小组成员。会商小组下设办公室作为办事机构，国家文物局局长兼任办公室主任，国务院各相关主管部门相关司长和省、直辖市文物局局长为联络员。大运河保护和申遗省部际会商小组的成员单位为：国家发展和改革委员会、财政部、国土资源部、环境保护部、住房和城乡建设部、交通运输部、水利部、文化部、国务院法制办公室、国家测绘局、国家文物局、教科文全委会、国务院南水北调工程建设办公室、北京市人民政府、天津市人民政府、河北省人民政府、江苏省人民政府、浙江省人民政府、安徽省人民政府、山东省人民政府、河南省人民政府。国务院为一个申遗项目单独成立一个机构，这在中国申报世界遗产的历史上是第一次，也是绝无仅有的，国家对大运河申遗的重视程度可见一斑。这样，大运河申遗就有了一支强大的“国家队”。参照国务院的做法，大运河沿线各省市和各城市也分别成立了以政府主要负责人任组长的大运河保护与申遗领导小组，具体协调本区域范围内大运河保护与申遗的相关事宜。这样，大运河沿线都普遍成立了申遗的“地方队”，申遗的机构和人员集结完毕。大运河申遗工作正式在大运河沿线全面展开。为了提供与世界运河城市交流合作的平台，2009 年 9 月 25 日，世界运河历史文化城市合作组织在扬州正式成立，这就是后来的 WCCO 这个社会组织。

今天，扬州运河边的大运河申遗办第一处办公地址已成为扬州市大运河遗产保护志愿者总队的驻地，不过到这里打卡的人仍有不少，您也可以去打打卡。

4. 申遗文本的出笼，失而复得的台儿庄

《世界遗产公约》规定，任何一个国家的任何一项遗产要申报世界遗产，必须要按世界遗产委员会的要求编制申遗文本，厘清其符合世界遗产的价值标准的价值，并进行立法保护，然后才能提交世界遗产大会审议。

中国大运河的保护规划是自下而上启动的，2009 年，大运河沿线各城市启动了市级保护规划的编制并由市级政府颁布实施；2010 年启动大运河省级保护规划的编制；直到 2012 年由中国文化遗产研究院侯卫东总工和年轻的工程师赵云牵头完成《中国大运河遗产保护与管理总体规划》的编制，为大运河遗产织起了一张规划防护网，

也为下一步的申遗文本的编制打下了基础。

大运河申遗文本的编制任务，落在了年轻的清华大学博士后、中国文化遗产研究院工程规划所所长张谨女士身上。接到大运河申遗文本编制任务后，张谨迅速组建了自己的团队，8员大将中女性6位，占了大半壁江山。

刚接手文本编制时，面对2500年的大运河积淀下来的大量的码头、船闸、桥梁、堤坝、衙署、寺庙、粮仓、会馆、行宫等大量的物质遗产，她们很兴奋，可深入下去后，发现尽管大运河的资料很多，但真正能够用于编制申遗文本的材料还真不多。中国大运河的核心价值，显然不同于世界上其他的运河。为了寻找到中国大运河的核心价值，张谨和她的团队踏上了用脚丈量大运河的征程。他们沿运河开始了大规模的普查工作。

张谨带领大运河申遗文本团队在调研

大运河申遗的价值研究工作也在同步展开。与实地调研大运河的现存遗产一样，大运河的价值研究同样面临了严峻的挑战：如何在有限的时间里，基于世界遗产价值的框架，将运河价值的研究扩展至更广泛？又如何将价值研究与运河实物遗存对应起来，完成运河价值研究脱离书本找到实物根据的过程？为了扩展大运河的价值研究，中国文化遗产研究院承担了国家文物局《大运河突出普遍价值预研究》课题，并自主开展了《中国大运河申报世界文化遗产的保护与展示策略研究》等多项课题研究，以此不断扩充和精练大运河的世界遗产价值研究，为每一项价值论述都找到了相应的申报遗产点作支撑。

2012年，文本组对大运河的价值论述进行了第四、第五稿修改，进一步细化深化了科技、漕运、工程水平几个方面的价值内涵。跳出了国内研究的常规视角，反映了全球视角下的价值阐释，使人们司空见惯的运河瞬间升华为高大上的世界遗产。

从市段保护规划到省段保护规划，再到国家层面的保护总规，张谨团队一层一级地筛选，最终浓缩成《中国大运河申遗文本》。他们将大运河全段划定了31个遗产区，从3200公里的大运河河道中精选出符合真实性、完整性原则的1011公里典型河段，从上千处遗产点中遴选出能体现大运河核心价值的58个遗产点。这就是大运河申遗的全部家当。

申遗需要为大运河保护立法，而中国的国情又不能立即为大运河立法。怎么办？国家文物局召集了相关专家紧急商议，为了弥补大运河统一立法受阻的不足，采取变通的办法，由大运河联合申遗办草拟，并发动大运河沿线城市联合签署一个《关于大运河保护的联合协定》，以此代替大运河的国家立法，提交给国际组织。接到这个任务后，联合申遗办负责人冬冰和姜师立迅速组织专家就大运河保护联合协定进行研究，并委托相关单位编制了共21条的《大运河遗产保护联合规定》(后改为《联合协定》)征求意见稿。在修改的基础上，联合申遗办又将《联合规定》发到各沿线城市和国家相关部委征求意见。2012年9月26日，来自大运河沿线的8省（直辖市）35座城市的市长和市长代表齐聚扬州，共同签署《大运河保护与申遗城市联盟关于大运河遗产保护的联合协定》。为了做到立法上的“双保险”，文化部还出台了一个部颁规章《大运河遗产保护办法》。大运河沿线城市又启动了地方立法。牵头城市扬州首家通过并公布了《大运河扬州段保护办法》；接着，2012年9月18日，洛阳市人民政府颁布了《洛阳市大运河遗产保护管理办法》。江苏省也出台了《关于大运河遗产保护的意见》，从而带动沿线城市纷纷对大运河遗产进行立法保护。

大运河申遗实行的是片段申遗，整体保护的原则。只有符合世界遗产真实性、完整性的遗产点才会被优先列入申遗的遗产点。遗产点预备名单的遴选工程于2010年开始启动，中国文化遗产研究院协同中国古迹遗址保护协会建立了7个工作组，对大运河沿线237项运河遗产点段展开现场调研和专家咨询工作，以专家组认定的大运河核心价值为基础，确定遴选标准。在237项候选大名单中，经第一轮评估得到推荐列入的有143项，暂缓列入的有30项，不推荐的有57项，暂无意见的有7项，继而确定了大运河申报世界文化遗产项目的基础性遗产清单。第二轮筛选，确定了31个遗产区中的27段河道、58个遗产点，共1011公里运河遗产列入申遗文本。

这其中是几家欢喜几家愁，徐州的窑湾古镇因为保护不力，被移出遗产点名单，致使徐州没有一个遗产点列入申遗文本，颗粒无收。

但台儿庄却是幸运的。台儿庄段运河是中运河的一段，用于申遗的是台儿庄的一段月河，这段中河台儿庄段有3公里河道、800米保存完好的驳岸，以及沿岸的11处古码头。21世纪初，台儿庄在月河边新建了台儿庄古城，仿建的古街商业味很浓，成为重要的旅游景点。但在复建古城过程中，没有按照过去的形制去做，古街和房屋都建得太夸张、太现代，违背了世界遗产真实性的原则，遭到国内多位文物专家的批评。而且在月河边建的塔楼等建筑物也破坏了运河的风貌。因此，文本组在复审遗产点名单时，为防止受到国际专家的责疑，决定将台儿庄段运河移出遗产点名单。

得知专家组的决定后，枣庄市的领导可急坏了。枣庄正想以大运河申遗为契机，发展台儿庄的旅游业。因此枣庄市以台儿庄是重要的抗战遗存为由，找了多位领导做工作，并向专家组承诺：按世界遗产的规定对不合要求的建筑物进行整改。最后文本组同意了台儿庄的请求，将台儿庄段古运河以“中河台儿庄（月河）段”，重新放回到遗产点名单中。后来在国际专家考察时，对台儿庄月河段遗产给予了充分肯定，说明台儿庄对运河遗产环境的整改还是成功的。2014年6月，台儿庄段运河被正式列入运河遗产名录，幸运的台儿庄终于有了自己的世界遗产。如今，这里成为中外旅游者喜欢的地方，也是我们研学游的重要打卡点。

台儿庄古城

5. 隋炀帝墓神奇现身

就在大运河申遗如火如荼的时刻，一件神奇的事情发生了。与大运河有着极大关联的一个人物，首次贯通大运河的皇帝隋炀帝的墓葬在扬州神秘现身。这一发现在中国考古界引起了强烈的反响。

2013 年 3 月，扬州市考古队在对邗江区西湖镇司徒村曹庄一个房地产建设项目进行例行考古时，发现了两座砖室墓，其中一号墓的墓志清楚写着“故炀帝墓”等字样。考古专家推测，该墓可能是隋炀帝杨广的墓。

3 天后，扬州市文物局召开了西湖曹庄唐代墓葬考古工作讨论会，邀请国内部分考古专家进行讨论。扬州市考古队介绍了已勘探发现的墓葬及墓中文物的大致情况：一号墓为方形砖室墓，由主墓室、东西耳室、甬道、墓道五部分组成。墓葬通长 24.48 米，东西连耳室宽 8.22 米，残高 2.76 米。墓室用砖与隋代江都宫城用砖一致。除墓志外，墓中还出土了玉器、铜器、陶器、漆器等珍贵文物 100 余件（套）。其中一套蹀躞金玉带，不仅是当时国内出土的唯一一套完整的十三环蹀躞金玉带，也是古代带具系统最高等级的实物。四件铜铺首通体鎏金，兽面直径 26 厘米，与唐大明宫遗址出土的铜铺首大小相近。墓内两颗牙齿鉴定为 50 岁左右的男性个体。根据出土的“故炀帝墓”、十三环蹀躞金玉带、鎏金铜铺首及大量文官俑、武士俑、骑马俑等高规格随葬品，再结合文献的记载，初步猜测一号墓主

在大运河申遗过程中发现的隋炀帝墓

人是隋炀帝杨广。二号墓的发掘刚开始，怀疑是萧皇后的墓。

专家们听了介绍，经过讨论，得出初步结论，可以基本认定墓葬为隋炀帝与萧后的合葬墓。参加讨论的南京博物院的一位专家回到南京后，抑制不住内心的喜悦，将这一秘密与《扬子晚报》记者王宏伟共享，第二天出版的《扬子晚报》上以《扬州发现隋炀帝杨广真正陵寝，占地二三十平米》为题，将扬州发现隋炀帝墓的消息公之于众，引起了全国轰动。

经过考古人员深入发掘、系统整理后，发现二号墓为腰鼓形砖室墓，由主墓室、东西耳室、甬道、墓道五部分组成。出土了玉器、铜器、铁器、陶瓷器、木漆器等 200 余件（套）。其中玉器有白玉璋 1 件，质地莹润；铜器有编钟、编磬、铜灯、铜豆等，成套的编钟 16 件、编磬 20 件，是迄今为止国内唯一出土的隋唐时期的编钟编磬实物，填补了中国音乐考古史上的一项空白。墓内保存有部分人骨遗骸，经南京大学体质人类学专家鉴定为身高约 1.5 米的女性遗骸。根据墓葬形制、墓内出土高等级随葬品和对人骨遗骸的鉴定，结合文献记载，墓主人可能是萧皇后。

经过半年多时间的发掘和研究后，2013 年 11 月 16 日上午，国家文物局和中国考古学会在扬州组织召开“扬州曹庄隋唐墓葬考古发掘成果论证会”，公开宣布：此前在扬州市邗江区西湖镇发现的

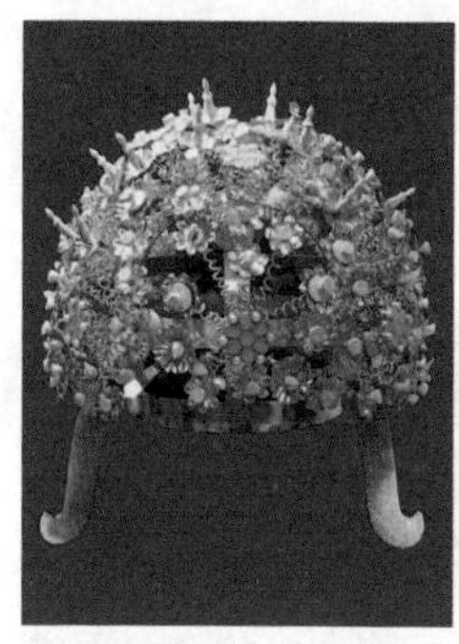

隋炀帝墓出土的凤冠（修复后）

隋炀帝墓出土的鎏金铜铺首

隋炀帝墓出土十三环蹀躞金玉带

疑似隋炀帝陵，经过考古发掘论证，确认为隋炀帝杨广与萧皇后的合葬之地。

隋炀帝墓这一考古新发现为大运河申遗增添了又一个佐证。

在大运河申遗的关键时刻，隋炀帝墓神秘现身与成功发掘具有十分重要的意义。扬州市委市政府立即决定，为了保护隋炀帝墓，将整块建设用地由政府收回，另辟一块地置换给开发商开发房地产。对隋炀帝墓区进行整体保护，并在进一步考古发掘、研究清楚的基础上建设隋炀墓博物馆和考古遗址公园。2023 年 12 月，时隔十年之久，隋炀帝陵遗址公园终于具备了开放条件。来扬州，可别忘记去隋炀帝陵遗址公园看看首通大运河的隋炀帝陵。

隋炀帝陵遗址公园视频

6. 惊天逆转

2014 年 6 月 15 日，第 38 届世界遗产大会在卡塔尔首都多哈隆重开幕，大运河申遗项目将接受世界遗产委员会的最终审定。世界遗产大会官方网站提供的资料表明，成员国共向大会提交了 40 项关于加入世界自然或文化遗产名录的申请报告，其中包括 9 项自然遗产申请、2 项自然与文化双重遗产申请、29 项文化遗产申请。中国向本届大会提交了“中国南方喀斯特二期”自然遗产申请和“大运河”文化遗产申请，还与吉尔吉斯斯坦、哈萨克斯坦联合提交了“丝绸之路：长安—天山廊道的路网”文化遗产申请报告。这是中国 21 世纪以来提交申遗项目最多的一年。中国联合国教科文组织和国家文物局相关人员组成了代表团，联合申遗办单独组了团。大运河沿线城市洛阳、淮安和杭州也组成了代表团观摩世界遗产大会。

先前国际古迹遗址理事会中国大运河小组在考察报告中对大运河的意见是建议补充材料来年再报，大运河有可能在多哈会议上进不了世界遗产名录。决定一项遗产能否申报成功的是世界遗产委员会的主席团。这个具体负责世界遗产审议的主席团由21个委员国的代表组成，每两年轮换其中的三分之一,六年全部轮换一遍。只有主席团成员在大会上才有发言和投票资格，而中国不是轮值委员，只能指望其他国家的代表帮助翻盘了。去多哈前，中国代表团的黄晓帆事先准备了两套新闻通稿交给联合申遗办负责人姜师立，一套是在大运河申遗成功进入世界遗产名录的情况下发表的，另一套是在大运河进不了世界遗产名录的情况下发表的。但中国代表团是带着力争翻盘的决心去的，有信心争取大运河列入世界遗产名录。一场力争大运河项目申遗成功的激战即将打响。

从多哈当地时间6月20日下午4点开始，第38届世界遗产大会开始申报项目的审议，按照大会主席团事先发放的议程，“中国大运河”和“丝绸之路：长安—天山廊道的路网”项目分别列在审议顺序的第7个和第8个项目。首先审议的是文化遗产项目，第一个项目是巴勒斯坦的耶路撒冷山谷葡萄园文化景观项目，ICOMOS的代表苏珊介绍项目并陈述评估结果，建议意见是不予列入。黎巴嫩代表抢先发言，他要求大会慎重考虑，这一遗产正在受到战争的威胁，随时有可能被毁坏，建议从保护濒危遗产的角度将此项目立即列入遗产名录。紧接着，土耳其、塞内加尔等阿拉伯国家代表也纷纷表示支持立即列入。这时，欧洲国家的代表发言了，他们坚持还要按照世界遗产公约的标准，谨慎列入不符合世界遗产标准的项目。双方争执不下，德国代表提出按世界遗产委员会的通常做法，启动秘密投票程序。因为制作选票又引起新的讨论直到5点半，投票才开始，结果7票弃权，14票有效票中11票赞成，3票反对，大会决定通过该项目列入世界遗产。第一个项目就成功翻盘，这对大运河项目来说，是个利好消息。但我们预测由于第一天下午的审议只审议了两个项目，原定第二天上午审议大运河和丝绸之路项目的计划可能会推迟。

21日9：00，大会继续审议，伊拉克的项目又成功翻盘。眼看就要审议中国大运河项目了，这时主持人宣布了一个出人意料的消息：将日本的富冈丝织厂遗址项目和荷兰的一个项目加塞提到前面来审议。一下子，会议现场涌进了一大批日本媒体人，十多台摄像机、照相机架了起来。这也可见日本人对世界遗产的重视程度。ICOMOS 的代表在发言中表示，日本的这一项目 ICOMOS 全力支持，接着发言的一些国家代表也纷纷表示支持。主持人宣布日本的富冈丝织厂遗址项目列入世界遗产。一些国家代表纷纷向日本代表祝贺，日本记者的“长枪短炮”也一齐追随着日本代表，会场里一时间像炸了锅一样，一片沸腾。会议没法正常举行下去，大会执行主席只好责令日本人到会场外面去庆祝。现场的十多家日本媒体簇拥着日本代表一哄而出，在外面走廊采访。

回到世界遗产大会的现场，又审议了几个项目就到了上午会议结束的时间了，大会主席宣布上午议程基本结束。就在大家都认为按原定程序下午第一个肯定是大运河项目时，风云突变，大会主席宣布，下午有几个国家的项目提出要提前审议，有墨西哥的、法国的、越南的、韩国的等，共 5 个项目。如果这样，当天就没有时间审议大运河项目了。可因为出国行程的限制，大运河联合申遗办的成员和一些运河城市的代表已订好当天夜里的机票，并退掉了宾馆，如果再推迟到第二天审议，就不能见证中国大运河申遗的关键时刻了。联合申遗办代表团经请示领导，改签了机票，重新订了一家宾馆，下决心留下来，就是为了见证大运河申遗出结果的那一刻。杭州代表团因行程已定，没能等到这一时刻，遗憾地离开了多哈。

按照会议原定的议程，国内许多报纸在 21 日就留下了版面来刊登中国参加世界遗产大会项目审议的结果，中央电视台甚至在新闻联播和晚间新闻都留下了时间，就是为了在第一时间报道大运河申遗成功的消息。因此国内媒体纷纷打电话询问前方代表团，听到中国大运河和丝绸之路项目被推迟审议的消息，大家都在抱怨。

经过一长夜的焦急等待，22 日早晨一起床，姜师立就收到国内的同事发来的求证消息：“余杭新闻网登载了一条新闻，说：‘大运河与丝绸之路项目已经申遗成功了，中国拥有 47 项世界遗产了。’这是不是真实的情况？”原来是杭州代表团的同志前一天晚上回去了，不了解现场的情况，想当然地认为按时间进度，猜测大运河和丝绸之路项目申遗成功了，结果闹了个乌龙。在哭笑不得之余，姜师立对同事们说，这虽然是个乌龙，但也是给大运河发了一个吉兆。于是他在微信朋友圈发了一则消息，大意是：现在是当地时间 6：00，多哈还未醒来，大运河项目还未审议，祝中国大运河行大运。一方面是辟谣，另一方面也是为大运河加油鼓劲。很快就收到了上百位好友的祝福和点赞，让前方的代表团深深感受到了祖国后方的强有力支持。

当地时间 22 日 9：00，会议重新开始了，当天的执行主席是卡塔尔的玛雅萨公主。大会工作人员发出了今天讨论的项目排序，大运河排到第二个。

多哈当地时间 22 日 9：30，北京时间 22 日 14：30，大运河项目开始审议了。ICOMOS 中国大运河组的专家米歇尔代表 ICOMOS 介绍大运河项目，大运河项目的 PPT 做得实在太漂亮了，淮扬运河、江南运河、瘦西湖、拱宸桥等大运河的图片简直将其他遗产都碾压了，现场的中国人一下子感到信心爆棚。

米歇尔对大运河的介绍真详细，他不仅介绍了大运河项目的具体情况，还展示了多幅大运河美丽风景图片的幻灯片。米歇尔的发言时长 19 分零 8 秒，远远超出了规定的 10 分钟。但也正是图文并茂的展示，以及大运河无与伦比的遗产气场和文化魅力，令现场所有的中国人无比自豪，无比骄傲，更是折服了很多委员国的代表，给了大运河列入世界遗产名录最有力的支持。

终于介绍完了，但因为觉得大运河划定的缓冲区太小，无法使大运河遗产得到有效保护，ICOMOS 的结论与我们事先了解到的一样，是建议补充相关材料后明年审议。接下来进入了各个委员国代表的发言时间，首先是牙买加代表发言，他认为 ICOMOS 提的意见可以在中国大运河成为世界遗产后再进行完善。黎巴嫩代表提出在中国大运河符合世界遗产的标准中再增加一条：“符合第六条标准：与具有特殊普遍意义的事件或现行传统或思想或信仰或文学艺术作品有直接或实质的联系。”这又是为大运河加分的建议。十多个国家的代表与牙买加代表一样发言支持中国大运河项目列入，还有国家代表也认为 ICOMOS 提出的缓冲区过小问题可以在中国大运河列入世界遗产名录后解决。

听了各国代表的发言，中国代表陈述了对 ICOMOS 代表提出意见的回复，再次表示中国政府有信心保护好大运河。ICOMOS 代表米歇尔对各国意见进行回应，针对波兰代表提出的大运河完整性问题，他表示运河体量巨大，牵涉遗产较多，中国目前的申报已经包括了所有能够代表大运河的完整遗产特性，虽然没有 3000 多公里都申报，但是所有的运河特点都完整地囊括了，建议做好后续工作。他说，本来建议 Refer（补充材料再报），给大运河更多的时间准备，但认为中国大运河的价值是举世公认的。米歇尔话音刚落，主持人就敲响了锤子，宣布大运河列入世界遗产。成功了！全场一下子沸腾了。中国代表激动地拥抱在一起，各国代表纷纷来到中国代表团席，向中国代表团表示祝贺。

2500 年历史的中国大运河终于申遗成功了，成为中国第 46 项世界遗产。十年的努力终于得到了回报，现场中国代表团的一些成员喜极而泣。国内许多参与申遗的同行激动地说：十年的努力终于得到了回报。

紧接着，中国与哈萨克斯坦、吉尔吉斯斯坦三国共同申报的丝绸之路项目也成功了，中国的世界遗产数量达到了 47 项，跻身世界第二位。

上午会议结束后，中国代表团开始庆祝了，打算拿出事先准备好的横幅庆贺时，才发现：由于宾馆退了又订，匆忙中从国内带来的横幅找不到了。好在联合申遗办的老主任顾风事先准备了几幅书法作品：大运河申遗梦想成真、众望所归、万世流芳、沟通江海、积健为雄、源远流长等内容。大运河联合申遗办代表团的冬冰、姜师立等人在会场上展示出来，每人拿着一幅字集体合影留念，现场很多中国代表都争相拿着拍照。中国代表团领导与哈萨克斯坦、吉尔吉斯斯坦两国代表合影留念后，也赶过来与联合申遗办及沿线城市的代表合影，共同庆祝这一历史时刻。

当天晚上，中央电视台、中央人民广播电台等媒体对中国大运河申遗成功进行了密集的报道。第二天早晨，《人民日报》《光明日报》等国内各大媒体纷纷给予重点报道。《新京报》用了一个整版来报道中国大运河和丝绸之路申遗成功的消息和各地欢庆的盛况。《新华日报》以“大运河惊险逆转申遗成功”作为标题整版报道大运河申遗成功的消息，有的媒体以“成功翻盘”为标题进行报道，充分反映了大家的惊喜心情。

2014 年 9 月 26 日这一天，扬州举办了大运河世界文化遗产标志碑揭碑仪式，16 个遗产点竖立起了大运河世界遗产标志。如今这 16 个标志碑已成为中外游客争相拍照纪念的景观，如果您研学游来到扬州，一定要去打卡。

扬州个园世界遗产标志碑

邵伯船闸、邵伯船闸展示馆

嘉兴长安闸、长安闸展示馆

北京惠通祠

南旺分水枢纽、大运河南旺枢纽科技馆

戴村坝博物馆

周桥大塘

清口枢纽、林则徐治水雕塑

洪泽湖大堤

清江大闸

南运河大弯道

扬州运河三湾公园

南运河上的谢家坝、华家口夯土险工

苏州盘门

杭州凤山水城门

柳孜遗址

淮北隋唐运河博物馆

北京澄清上闸陈列馆（万宁桥）、澄清中闸（东不压桥）、澄清下闸遗址

苏州宝带桥

嘉兴长虹桥

绍兴八字桥

塘栖广济桥

杭州拱宸桥、拱宸书院

吴江古纤道

绍兴古纤道

第二章

水利工程的奇迹

大运河是水利工程的奇迹，是世界运河工程史上的里程碑。《中国大运河申遗文本》这样表述："大运河是世界运河史上的突出、独特范例，它展现了农业文明时期人工运河发展的悠久历史。大运河是世界上延续使用时间最久、空间跨度最大的运河，被《国际运河古迹名录》作为世界上'具有重大科技价值的运河'列入，是世界运河工程史上的里程碑。"中国大运河具有相对独立发展的工程技术体系，特有的自然环境与社会制度为大运河工程技术的创造发明提供了条件，因此产生出具有鲜明特点的工程类型与管理形态。其中以节制水量控制航道水深的复闸工程、解决运河高差问题的越岭运河会通河工程、解决水源问题的南旺分水枢纽工程和解决黄河泥沙问题的"束水攻沙"工程为代表，体现了同一时期古代水利工程的最高成就。本章讲述大运河在水利工程方面的突出贡献，为大运河研学游提供第一手资料。

第一节
大运河上的复式船闸、澳闸

1. 世界上最早的复式船闸

我国是世界上最早发明船闸的国家，勤劳智慧的中华先民们在长期水利实践中发明了船闸。秦朝修建的灵渠斗门可能是世界上最早的船闸。斗门类似现在的单门闸，是现代船闸的雏形。大运河上最早的斗门是南朝宋景平元年（423 年）在扬子津（今扬州市南扬子桥）河段上建造的两座斗门。《水部式》载：“扬州扬子津斗门二所，宜于所管三府兵及轻疾内量差，分番守当，随须开闭。”斗门按顺序开合关闭，比较便利灵活，但开启时容易造成水量流失，还得与堰埭合并使用，需借助埭阻止运河水下泄入江。唐开元二十六年（738 年），润州（今镇江）刺史齐澣开挖瓜州新河时，斗门已经开始在邗沟上应用。

但是，早期斗门由于只有四五米宽，每次只能通过一艘船，过闸时间长，船上物资容易被抢劫。宋雍熙元年（984 年），淮南转运使乔维岳在真扬运河第三堰修建了类似于现代船闸的二斗门，史称西河闸。乔维岳的二斗门，其实就是复闸，两个闸间的距离约五十步，相当于今天的 83 米，能垂直升降，交替开合，两个闸门之间的水被关起来，形成一个缓冲带，不但提高运输能力，又以大闸身容量克服了船只过往缓慢的缺点，是我国水利工程技术进步的标志。这种复闸是现代水闸的雏形，欧洲直到1375年才建成第一个垂直升降的“塘闸”，比中国晚了近四百年。40年后的宋天圣年间，真州（今江苏仪征）又建成技术含量更高的复闸——对乔维岳发明的二斗门的改进。复闸建成之后，每只船载米量由300石提到400石，再后来官船达600石，私船达1600石。省去大量的管理人员和费用。宋代科学家沈括在《梦溪笔谈·复闸》中写道：“天圣中，监真州排岸司右侍禁陶鉴始议为复闸节水，以省舟船过埭之劳……自后，北神、召伯、龙舟、茱萸诸埭，相次废革，至今为利。”由此可见，这个时候，大运河已出现多个复闸，淮扬运河、江南运河上的堰埭几乎全部改成船闸。《宋史》卷96《河渠志六·东南诸水上》载：“宋徽宗重和年间，仅扬楚运河上就有79座斗门水闸（含泄水闸）。”这一创新改变了以往船只过堰埭或斗门时“粮载烦于剥卸，民力罢（疲）于牵挽”的不利局面，使运河的航运效率大大提升。元朝把复闸技术作为解决船队翻山越岭难题的利器，在会通河的临清与济宁之间建造了31座船闸，依靠梯级船闸群有序、有效解决水位升降，保证船队顺利越岭通行。大运河上的梯级船闸工程系统比西方同类建筑早350年。

现在大运河上邵伯船闸用的还是宋代的复式船闸技术

沈括塑像

2. 比复闸更先进的澳闸

澳闸也起源于10世纪时的大运河，现存最早的澳闸实例是位于浙江省嘉兴海宁市长安镇的长安闸。

“复闸”是多个闸门组成多级闸室，通过联合运用，有效地平衡航道水位差，将河段的高差集中到一处之后分级控制，使得整个河段的水流都比较平稳，船只航行的条件得到极大提高。复闸的缺点是船只往下游行驶过闸时会损失一闸室的水，这在水源缺乏地区是不能接受的，于是以长安闸为代表的澳闸应运而生。

位于江南运河段的长安闸建于1068年，由三座闸门和两间闸室，以及两座水澳组成，是建于宋代带澳的复式船闸。长安闸首创运河闸澳制，具有完善的工程设施，达到了引潮行运、蓄积潮水、水量循环利用的多重工程目的，具有保障程度较高的输水功能，是世界水利史上现存建筑年代最早的复闸实例，是这一时期中国水利技术领先世界的标志性工程。欧洲大约在300年后才出现类此工程。

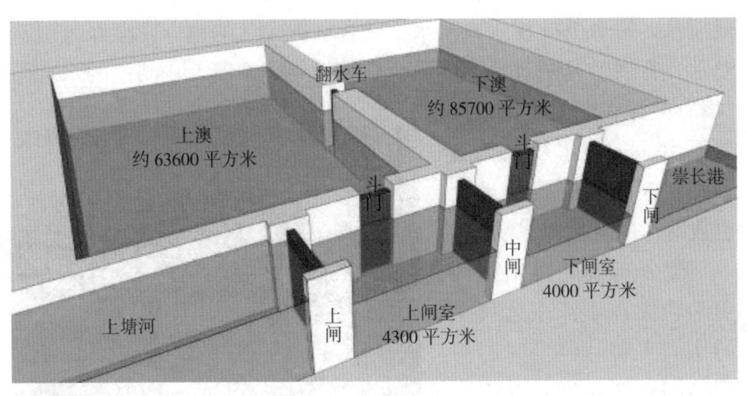

长安闸构造示意图

3. 长安闸的节水设计

为解决行船过闸时缺水河段水量损失大的问题，唐宋时期江南运河曾经多次将闸改建为坝，但也造成了船只翻坝费时费力的问题。宋代复闸的创造很好地解决了以上多个矛盾和问题，它的出现是航运工程设计的巨大进步。长安闸是连接江南运河和上塘河水系的重要水利枢纽工程，于1068年由长安堰改成长安三闸，形成复式船闸与拖船坝并存的格局。元至正二年（1342年）维修，于老坝之西增建新坝，是现在长安镇拖船坝的前身，并设专门机构进行运输管理与维护，清中期后逐渐废弃，现仅存遗迹。

配置澳及澳闸的复闸工程规划更加精细，运行条件也得到显著提高。澳有两个，分别是积水澳、归水澳。积水澳的正常水位高于或平于所连闸室（一般是上游闸室）的高水位（即复闸上游的水位），以补充船只过闸所耗之水，抬高闸室水位与上游持平以待下次开闸入船；归水澳正常水位低于或平于下闸室的低水位，以回收闸室水位降低时的下泄水量，使其不流失到下游；归水澳中的水可以根据需要提升至积水澳中重复使用。澳的水源是蓄积高处的流水或雨水，提升低处积水或流水，或者临近大江的地方在潮涨时引蓄潮水。普通的复闸过一次船最少也要消耗（下泄）一闸室的水，而“澳”的存在则使这些本来要下泄流失的水得以重复利用。澳闸在运行管理上也较简单的复闸要求更高。

现存最早的复式船闸长安闸

配备有澳的复闸是历史上曾存在于江南运河上的水利工程。但当时的管理体制无法匹配较高水平的工程，复杂的工程并未应用多长时间，水澳很快就废弃，发生了废闸为堰的倒退现象。复闸需要严格执行运输组织管理，但从它诞生开始管理便遭遇来自古老行政管理体制的障碍。后来各复闸后都改建为单闸，有的甚至一度废闸为堰。

历史上的长安闸包括新老两坝（其中新坝又称为“长安镇拖船坝”）、上中下三闸和储水之用的两澳。现存文物本体除老坝位置不可考之外，其他各闸、坝均能确认其位置，基本格局尚存。现各闸均改建为闸桥，闸基闸槽都保存完好。两处水澳范围基本确认。

2012 年，考古专家对长安闸坝遗址中的下闸进行了考古发掘，发现系统性设计建造的闸基、闸体。闸体后侧由石柱和两排石板组成，石板后方堆着不少大石块。石柱与石板间都有“卡槽”，让两者对接得十分紧密。石柱与石板之间黏合的应该是古代的一种特殊的黏合剂，包括了鸡蛋清、糯米等。据初步判断遗存属于宋代，这进一步证明了长安闸的历史价值。

现在长安闸周边环境

考古发掘中的长安闸

嘉兴的长安闸是建于1068年的澳闸实例，是世界上现存最早的复闸实例，并与撰写于1072年的文献相印证。欧洲类似复闸较为肯定的例子则是在约300年后出现。复闸的发明是大运河在世界运河工程史上的一大成就，代表着当时在水运工程与管理方面的最高水平。目前，海宁建起了长安闸展示馆，用现代技术展示古老澳闸的使用原理及功能，成为青少年研学游的重要打卡地。

其实大运河上有很多技术是远远领先于欧洲的，像大运河上的复式船闸技术等。西方很多技术落后于古代中国，有些西方人歪曲历史，污名化中国，历史没有记录的他们甚至都会编出来，这总体上是文化不自信的体现。现在学习这些就是要我们树立文化自信，传承发扬中华优秀传统文化，古代中国曾经有的辉煌，后续也必将由我们青少年再创辉煌。

长安闸
“三闸两澳”

第二节
北方的都江堰南旺分水枢纽

1. 世界上最早的越岭运河会通河

会通河是公元 13 世纪前跨越地形高差最大的越岭运河。跨越大运河整体最高点，其两端与中部高差约 30 米。通过水源工程、梯级船闸工程，成功解决了越岭运河的水源调配与水道水深控制的问题。会通河的建成比欧洲最早的越岭运河早了 100 多年。其梯级船闸工程几乎先于欧洲最早的类似工程 300 多年。在世界上最早的以满足航运需求为目的的水源工程中，南旺枢纽水源工程与米迪运河水源工程（1667—1771 年）相比也早了 200 多年。

会通河北起聊城临清市，南至济宁微山县，纵贯黄河中游冲积扇及山东丘陵西缘，地势以山东济宁南旺镇为最高，从南旺分水口向南北两侧降低，南、北两侧地形纵坡降 0.2‰左右。会通河是大运河全线地势最高、地形高差最大的河段。明代时期会通河最高点南旺与南北两端最低点（分别位于扬州长江运口和天津静海附近）的最大高差曾达到约 30 米。会通河开凿前，曾经有周密的区域河流水系考察和工程规划。元至元十二年（1275 年）郭守敬勘察黄河、御河，以及山东境内汶泗沂三河，论证黄河、山东诸水与御河沟通的可行性，确认了御河、汶水、泗水、黄河四河相互沟通的可行性，

纪念元朝大运河的设计者郭守敬的惠通祠

济宁南旺枢纽遗址

对大运河南北贯通的关键河段——会通河进行了初步规划。郭守敬成为会通河的主要设计者。

1276—1289年，随着济州河和会通河的建成，此段运河初步形成。由于郭守敬等人当初选取的会通河分水位置在济宁城附近，不在南旺最高点，元代会通河南旺段难以持续运行，时常需要陆运转运。这一问题直到明初宋礼改造会通河才得以彻底解决。1411年宋礼在南旺民间水利专家白英的协助下，重新开通会通河，重新选址修建了会通河全段最重要的引水工程——南旺枢纽。通过修建戴村坝将汶河水位抬升，经由小汶河引水，在会通河全段的海拔最高点——南旺向运河供水。

现存会通河除济宁以南段部分通航外，其余河道或作为遗址保存下来，或被用作排灌、行洪河道和城市景观河道。会通河是具有卓越的规划设计而建造的规模巨大的运河工程，使中国大运河实现了距离最短的南北贯通。

会通河沿线工程密集，是大运河工程技术最复杂的河段之一，也是大运河中通航困难最多、治理最难和管理最为复杂的一段。会通河穿越运河地势最高的一段——山东丘陵西部，在地形高差最大的河段，通过梯级船闸和南旺枢纽等运河全线的关键工程，成功地实现了多条河流的水源调配和水道水深的控制。会通河在较长距离的水道上实现连续节制闸的设置及运用，体现了中国水运工程的杰出施工维修技术和完善管理体系。

会通河水道和水源工程规划，以及水资源调度和管理，代表了在没有石化动力的水运时代，中国大运河卓越的技术成就。

2. 南旺分水枢纽工程

南旺枢纽水源工程和节制闸群工程是会通河上创造性的伟大工程，成功解决了会通河面临的两大问题，使会通河在 5 个多世纪的时间里持续畅通和运行。南旺位于济宁汶上县南旺镇，是大运河全线位置最高的段落，平均海拔 43 米，由地势最高点南旺分水口分别向南北倾斜，与会通河南北两端高差达 30 余米（明代测得），地势高而水源不足是此段面临的巨大挑战。

南旺枢纽是为了解决大运河跨越水脊难题而建设的大型综合性水利水运枢纽，是大运河上最具科技价值的节点之一。它通过疏汶集流、蓄水济运、泄涨保运、增闸节流等措施，科学地达到了引汶、分流、蓄水的目的，达到了对水资源进行年际、年内调节的效果，从而保障了大运河在之后约 4 个世纪中的顺利通航。

南旺枢纽主要由戴村坝、引水河（小汶河）、南旺水柜、分水口组成。南旺枢纽修建于 15 世纪（明朝初期）。在此之前，13 世纪末（元代初期）为了解决大运河跨越水脊难题而修建了济宁分水工程，引汶河水由南旺以南的济宁附近汇入运河。但济宁地势较南旺低 8 米，造成济宁至南旺一段运河供水不足，难以行船。明初重新开通会通河时，选择由运河沿线地势最高的南旺分水口汇入运河，向南北两个方向给运河供水。20 世纪，毛泽东主席曾有诗赞道“七分朝天子，三分下江南”。在戴村坝建立之后约 70 年，

南旺枢纽戴村坝遗址

为了精确调配供水与分水的水量，又在南旺分水口南北两侧的水道内陆续修建了柳林闸、十里闸、寺前铺闸等节制闸，起到调配向两侧供水水量的作用，多闸的联动和控制实现了会通河南北段的分水比例定量控制，达到了有效控制水道航深的目的。今天的戴村坝仍旧在发挥着作用，被称为大运河上的三峡大坝。

又考虑到由于汶河属山溪型河流，汛期洪水水量占全年的70%，水量分布十分不均衡，因此在引河水入运河处设置了多处水柜（南旺湖、蜀山湖、马踏湖等），蓄引多余水量和汛期洪水，以增加调剂运河供水的能力，并在水柜与运河之间设置了邢通斗门、徐建口斗门等水门以调控进出水柜的水量。水柜还起到为运河防沙防淤的作用。在汶河洪水期间开蜀山湖、马踏湖闸蓄水，泥沙随之入湖，经过沉淀后，再引入南旺湖蓄积，南旺湖的清水再入会通河，“如此，则二湖之役，不惟可为水柜，亦可为沙柜矣。”[①] 有了沙柜容蓄，由河道清淤转而为沙柜集中清淤，疏浚可间隔数年进行一次。南旺疏浚工程巨大，但是集中在湖中疏浚，施工战线大大缩短，难度降低。

在地形上运河高而湖低，平常湖水不能畅通流入河，因此在分水口附近还修建了分水龙王庙建筑群等辅助设施，逐步完善了南旺枢纽的配套设施，在4个多世纪的时间里实现了大运河全线最高的河段——会通河的持续畅通。

南旺枢纽为会通河段带来了稳定水源。此后又通过建造水柜和节制闸的方式，不断完善南旺枢纽。其中，兴建南旺、马踏、蜀山、微山等四湖围堤及进水斗门，逐步建成南旺水柜，起到平衡丰枯水期水量、为运河保证供水的作用。15世纪中叶开始，为了解决会通河纵比降较大的问题，达到平稳运河水位利于航运，并精确控制分水水量、节约用水的目的，陆续在会通河的分水岭南旺分水口南北建造一系列节制闸，形成了以南旺分水闸为最高点，全程水量节制的工程体系。

---

① （清）张伯行. 居济一得（卷2）[M]. 丛书集成本. 上海：商务印书馆，1936：28.

此后，为了进一步避开黄河的影响，减少借黄行运的河道长度，会通河南四湖以下，不断向东开新河，逐渐形成了中河的北段。南旺枢纽的建设、会通河南段为避黄改线的工程，历经数十年乃至百年方才成形，体现了大运河工程体系的动态性、适应性特点，也展现出为了保障大运河畅通而持续的开发过程。

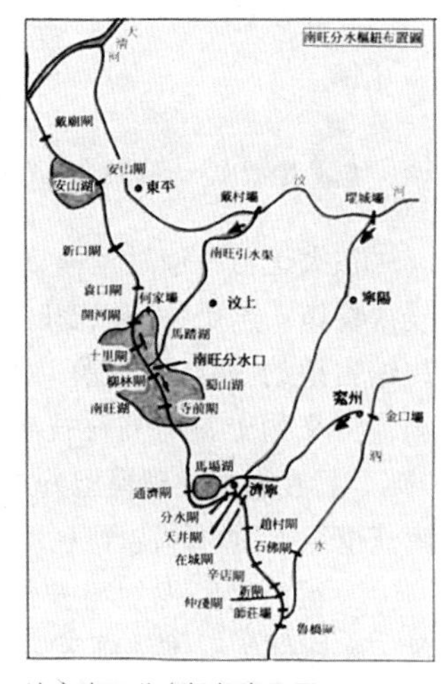

济宁南旺分水枢纽布置图

南旺枢纽还围绕济运保水建立了一整套严格的航运、水利管理制度。明清两代均设立严格的规定，禁止侵占水柜湖泊，严格管理会通河水源，有力地阻止了地方生产生活行为对运河水工设施的影响，维持了水柜的调蓄作用，使会通河漕运量大大增加，并得以畅通数百年。

会通河南旺枢纽是大运河全段最有工程规划特点的一段，以至于 17 世纪访问中国的英国使团在路过南旺时表述出如此的感想：“当时运河的设计者一定是从这个高度统筹全局的。他站在这块地势很高的地方，运用匠心设计出来这条贯穿南北交通的巨大工程。他计算出从这里到南北两个方向的地势斜度，沿路河流所供给的水源，设计了许多道水闸，同时还估计到由于开闸放船所损失的水量可以由地势比这里更高的汶河的水补充过来，汇流之后分为两个不同方向的支流。”

位于大运河全段最高河段的南旺枢纽，以筑坝提升自然河流水位的方式，为运河行船提供持续有效的引水，是在严酷的自然条件下，科学设计和系统管理的规模宏大、高效节约的运河水源工程，保障了大运河持续畅通地运行了 4 个多世纪，比为法国米迪运河提供供水的黑山水源工程早 2 个多世纪，是世界范围内较早建设、有效解决运河供水问题的大规模水利工程设施。

3. 大运河南旺枢纽科技馆

在大运河申遗过程中，济宁市在南旺建起了大运河南旺枢纽科技博物馆。这是一座以南旺枢纽科技成就为主题的博物馆。科技博物馆占地约 5000 平方米，建筑面积 3400 余平方米，以开放式的格局，将文物史料与高科技巧妙结合。其中，水工模型长 50 米，宽 7 米，旨在通过物理模型方式全方位展示古运河曾经的繁荣景象以及南旺枢纽工程的科技含量。

大运河南旺枢纽科技馆将文物史料与高科技巧妙结合，以沙盘、多媒体、三维动画等多种高科技手段，充分运用声、光、电等现代科技手段，全方位、多角度地收藏、保护、研究大运河南旺枢纽水工科技，反映和展现大运河自然风貌和历史文化。水工模型尽管不是太大，但该有的点位都有了，有引水的小汶河，有南旺分水枢纽，有控制水位的戴村坝，还有南旺湖、蜀山湖等运河水柜……使游客能身临其境地体验大运河悠久深厚的文化内涵。在大运河泰

南旺水工科技博物馆中对于宋礼事迹的介绍

安段，还建起了戴村坝博物馆供游客参观，了解大运河的历史和水工成就。到山东旅游，可别忘记去一下大运河南旺科技馆以及戴村坝博物馆参观，了解大运河先进的水工技术。

南旺大运河水工科技博物馆

第三节

黄淮运的交汇点清口枢纽

清口枢纽位于黄河、淮河与淮扬运河北段、中河交汇的位置，是明清两代为解决大运河会淮穿黄的难题而建设的大型综合性水利水运枢纽，是大运河上最具科技价值的节点之一，持续维护运行了4个多世纪。

针对黄河夺淮改变了淮河水系的状况，清口枢纽集成了与水动力学、水静力学、土力学、水文学、机械学等相关的经验型成果，建设了水流制导、调节、分水、平水、水文观测、防洪排涝等大型工程，成为枢纽工程组群，完整体现了明代著名水利工程专家潘季驯

清口枢纽葫芦岛俯瞰图

“筑堤束水、以水攻沙、蓄清刷黄、济运保漕”的工程意图，是人类伟大创造精神的成果。

1. 400年的建设过程

自12世纪起，由于人为破坏，黄河向南改道，主流逐渐固定地经原泗河河道从清口（原泗河与淮河交汇口）入淮河河道。由于黄河泥沙含量较大，将原淮河河道不断淤积抬高，使淮河泄流日趋不畅，在清口上游潴积形成洪泽湖。从14世纪起，黄河、淮河、运河交汇的清口地区面临着由于黄河泥沙淤积而产生的河床抬升问题、黄河洪水倒灌入运河与洪泽湖的防汛问题、保障运河水位的供水问题，以及克服运河、淮河、黄河之间的水位差进行通航的工程问题。为此，15世纪至19世纪（明清时代）清口枢纽的主要工程目标在于防范黄河泥沙进入运河、利用淮河清水弥补运河与黄河之间的水位差，以及抬高洪泽湖以湖水冲刷黄河河床减少淤积泥沙等。

清口枢纽的实施分为三个时期。

早期

15世纪初，为了避免在黄河河道中行船面临的险滩等危险，疏浚宋代的沙河，将清江浦运河向西延伸至鸭陈口，漕船由清口附近进入黄河。同时在运河河道上建立一系列节制闸，控制水流保障航运，其中包括清江大闸。

16世纪时，由于清口被黄河泥沙不断淤积抬高，运河无法从淮河供水，并在汛期常常被黄河倒灌。为了解决泥沙淤积和运河供水问题，将西来的淮河河水储积在洪泽湖内，以不断加高加固洪泽湖大堤的方法，抬高洪泽湖水位，高过黄河水位，导引湖水从清口流出刷深黄河河道，并供应运河航运用水。同时将运口南移，远离黄河以方便从洪泽湖供水，并在运口内建立多处闸坝，节制水位防止淤塞。这就是所谓的“束水攻沙”“蓄清刷黄”方针。至此，具有防洪、拦沙和引水的清口枢纽初步形成。

中期

在黄河水量大、泥沙含量高的背景下，清口枢纽持续受到泥沙淤积、河床抬高的影响。17—18世纪，清口枢纽不断调整改造相关工程设施，采取了导引淮河河水（引淮）、防御黄河决口（御黄）等多项综合措施，保障淮水顺利流出进行刷黄济运。引淮措施包括：不断加高洪泽湖大堤以蓄积淮河河水；开引河引洪泽湖水进入淮扬运河刷黄济运；建设转水墩、束清坝以调控洪泽水的水位来冲刷河床，并使湖水三分济运，七分刷黄。

御黄措施包括：开凿中河将北运口南移至清口附近的杨庄，缩短借黄行运的距离；南移南运口，以南运口为核心建控制闸坝以减轻黄河水倒灌；在清口附近陆续修建堤防系统以固定黄河主河道；建设御黄坝防止黄河泛滥入洪泽湖。随着运口不断南移，清口枢纽的U形总体结构逐渐形成。

晚期

由于黄河泥沙在清口的淤积速度远大于清口引河的冲淤量，至18世纪末19世纪初，蓄清刷黄的措施已经基本失效，严重淤积的清口地势相对较高，造成淮河河水难以冲出清口，而东出洪泽湖下泄至高邮湖、宝应湖，再向东入海或汇入长江。同时黄河常从清口倒灌入地势较低的运河，造成运河泥沙淤积严重。

19世纪开始，清口枢纽已放弃原先采用的“蓄清刷黄”的方针，改为以“灌塘济运”方式通航。在临清堰和御黄坝之间形成一个可容一千多艘船的塘河，用水车抽清水入塘，塘内水位高于黄河时便开坝放船入黄河。至此，黄河与淮扬运河已实质上被截断。

1855年，黄河向北改道，夺大清河入渤海，清口水利枢纽也失去了调整黄河、淮河与运河关系和保障运河航运的作用。

现状

20世纪后，在原清口枢纽范围内陆续新建了淮阴船闸、淮沭新河、二河等水利设施，替代了原有清口水利枢纽调整淮河与运河的关系，因此清口枢纽、洪泽湖大堤、清江大闸等大部分相关设施作为遗址或弃用河道保存较好，总体格局基本维持历史原貌。

洪泽湖上的二河闸

淮安清口枢纽体现了人类农业文明时期东方水利水运工程技术的最高水平，其整体性尤为突出，河道、闸坝、堤防、疏浚、维护、水文观测的工程共同组成运口大型水利枢纽，堪称人类水运水利技术整体的杰出范例。清口枢纽遗产区可分为四个部分：御黄部分、引淮部分、淮扬运河部分、中河部分。其中最著名的工程是洪泽湖大堤。

2. 洪泽湖大堤——70 多公里的水上长城

洪泽湖大堤（史称高家堰）是位于洪泽湖东岸长达 70 多公里的防洪蓄水的巨大土方工程，是清口枢纽引淮措施的重要组成部分。

自 12 世纪开始，黄河向南改道，在其侵占的淮河河道下游积沙渐高，使淮河泄流日趋不畅，遂在清口上游的洪泽凹陷区潴积，水面逐渐扩大，形成洪泽湖。

1128 年黄河夺淮后，黄河、淮河、运河交汇于淮安清口一带，极大地干扰了运河的畅通。自 16 世纪末开始、历时 200 多年，耗费了大量人力、物力和财力，兴建起与黄河泥沙抗衡的清口枢纽工程，形成极为复杂的工程体系。明河道总督潘季驯首先在淮安码头镇东南大规模修筑高家堰（今洪泽湖大堤的一部分）堤防，企图利用地形和大堤形成人工湖以蓄积淮河清水，通过抬高水位实现对黄河泥沙的冲刷。到公元 18 世纪中期，共持续筑堤 70 余公里，其中砌筑直立式条石挡浪墙长达 60 余公里，形成具有蓄水、冲沙、泄洪等功能的洪泽湖水库。

清口枢纽洪泽湖大堤

明清两代，为配合清口枢纽"蓄清刷黄""束水攻沙"的工程策略，解决黄、淮、运交汇处泥沙淤积、汛期防洪等问题，在洪泽湖的东侧，大体以历代修筑的塘堰为基础，加筑土坝石堤，抬高洪泽湖水位，使之高于黄河水位，以蓄积导引淮河来水，冲刷黄河运口河床。

明万历七年（1579 年）将洪泽湖大堤土堰改筑石工墙，并加高加固，向南延伸 25 公里到越城，此时大堤总长达 42 公里。清代延续明代的治水方略，在康熙十六年（1677 年）将大堤从周桥延伸到蒋坝，并全部建筑石墙护坡，以抵御风浪冲击。

明清时期的几个世纪里，为防止不断升高的洪泽湖溃堤决口，保障运河漕运的畅通，洪泽湖大堤被不断加固维修，陆续被改造为石砌堤。历经兴废，决而复修，毁而复建。

从明万历八年（1580 年）起，洪泽湖大堤在迎水面开始增筑直立条石墙护面，到清乾隆十六年（1751 年）的 171 年内，筑成长 60.1 公里，高 7~8 米的石工墙，蜿蜒曲折，甚为壮观。且规格统一，是用长 0.8~1.2 米、宽厚各 0.4 米的 6 万多块条石砌成，筑工精细，

林则徐治水雕塑

这些从山东和盱眙等地运来的玄武岩条石，据测算共有 60 万立方米之多。洪泽湖大堤是代表了中国古代高超的大规模工程施工科技的宏大工程。

洪泽湖大堤这项浩大的工程历时 171 年，筑堤 70.4 公里，其中垒砌石工墙 60 多公里，今天仍是淮河防洪工程的重要组成部分，受到重点维护。现存洪泽湖大堤全长 70.4 公里，大堤主堤保存完好，呈现的古代石工墙基本完好。

洪泽湖大堤的周桥大塘工程还与清朝的大臣林则徐相关。清道光四年（1824 年）农历十一月十二午后，湖面结成冰凌，风助冰势，将周桥息浪港堤防冲垮，湖东顷刻成为一片汪洋。由于决口太宽，到第二年仍然无法堵塞。1826 年朝廷令在家丁忧的林则徐为江苏按察使，前往现场指挥。为使大堤牢固，林则徐要求每块条石上，凿出一条齿槽，再用生铁铸成工字形铁锔放在齿槽间，浇上用糯米汁和石灰搅拌成的砂浆，这样，条石之间牢牢黏合在一起，一块块石头条连成了一块巨石，让洪水无罅隙可乘。经过几个月的奋战，终于完工复命。决口堵住后，朝廷又出资，用6年时间，于道光十年（1830年）筑成长737米，顶宽33米的内堤，将大塘紧紧围住，并用条石砌成护墙，以防再决，自此形成一个半月形的大塘。今天，淮安人民还记着林则徐的功绩，专门建了一组雕塑来纪念林则徐当年带领人民治水的事迹。

清口枢纽运用200多年后失效，被现代的船闸和淮安水上立交所代替。但其运用过程中诞生的高家堰是17世纪前世界上规模最大的砌石坝，其石工墙的修建代表了当时先进的施工技术。形成的洪泽湖大坝是淮河中游的重要控制性工程，至今仍在发挥作用。清口枢纽完善的工程体系，集中了中国传统水利中的主要水（河）工建筑、结构形式，并将工程管理与运用提高到前所未有的水平。研学游到了淮安，您可要去清口枢纽好好体验一下古代水利学家的智慧与胆识。

陈瑄建的清江大闸

第四节
弯道代闸技术

1. 南运河上的弯道

为了解决水量变化较大给航运带来的困难，南运河在自然河道的基础上，通过人工弯道，以蜿蜒曲流的河道形态对航道水面坡降作出调整，将河道纵比降减缓，降低流速，便于行船，不建一闸而实现航道水力特性的调整，同时满足丅流行洪的需要，并有效地提高了通航质量。其综合工程效益被归纳为“三弯抵一闸”。这种人工做弯体现了古代运河在工程规划方面的科学性。南运河沧州—衡水—德州段北起连镇谢家坝，南至四女寺枢纽三角洲北缘，长 95 公里，是南运河弯道技术的典型代表。河北重要的运河城市沧州就建在大运河的“几”字湾上，城市建筑沿运河而建，从高空看去，大大的“几”字特别醒目。从地表形态来看，南运河蜿蜒曲折，甚为壮观。目前，这一段现已失去航运功能，改为行洪排水河道。河道河堤保存完好。河槽为单式 U 形断面，河床上口宽 48~84 米，槽深 5~6 米，堤距为 57~1030 米。

南运河大弯道

2. 扬州运河三湾

扬州城区段大运河不仅遗产众多，而且水景秀美，扬州三湾（即宝塔湾、新河湾和三湾子），便是其中最具特色的一段。它自文峰塔向南，呈横着的“几”字形，河道曲折，迂回六七里，水面宽阔，流速平缓。万历二十五年（1597年）四月，江都（今扬州）运河南门二里桥一带因蓄水困难，水流直泻，影响盐船和漕船的安全行驶。巡盐御史杨光训令扬州知府郭光复进行整治，将原本平直的河道改为曲折式的河道。从二里桥河口起，向西165丈，再折向南410丈，又折回东165丈，总计约六七里，从姚家沟汇入大运河扬州城区段。从技术角度而言，大运河的开挖者为了消除地面高度差，使大运河的水面保持平缓，便采取了延长河道以降低坡度的办法，把这段河道挖得弯弯曲曲。这个方法是中国古代河工的杰出创造。目前，扬州三湾已建成运河生态公园，成为4A级旅游景区。无论是南运河上的三弯，还是扬州运河的三弯，每一道弯都反映了古代中国人杰出的水工智慧，记录了先民们认识自然、适应自然、改造自然的壮举，值得今天的我们去学习。

扬州运河三湾

第五节
南运河上的糯米大坝

南运河地势较高，有些河段高于两岸地面，全靠堤防约束。而堤防多弯曲易导致堤岸塌落，险段甚多。为解决这一问题，南运河多采取夯土加固工程措施，对堤岸进行加固。南运河这种险工段加固工程，以及河道工程管理中利用洪水冲淤、泥沙固堤等措施，都体现出古代河工技术中以堤治河、以河治河的特点。

南运河沧州—衡水—德州段上设置了众多的弯道，以达到减缓纵比降，降低河水流速，方便行船的目的。由于弯道能较好地阻碍水流，弯道处也成为防洪的重点。为了保护弯道河岸附近的村镇聚居区，弯道附近的河堤被不断加固加高，成为运河沿岸的附属防洪设施。其中连镇谢家坝和华家口夯土险工是南运河上仅存的两座夯土坝，是大运河河堤防洪设施的典型代表。

连镇谢家坝位于沧州市东光县连镇的南运河东岸，建于19世纪（清末）。全长218米，高3.2米以上，现存坝体稳定性好，局部风化。华家口夯土险工位于河北省衡水市景县安陵镇华家口村南，建于民国元年（1912年）。现存坝体全长250米，局部风化。两坝均为灰土加糯米浆逐层夯筑，夯土以下为毛石垫层，基础为原土打入柏木桩，夯土层每步厚18~22厘米，平均收分20%。两处险工保存了特殊历史时期的材料、工艺特征，是中国古代利用夯土技术建设水工设施的实物证据，也是我们今天传承中华优秀传统文化的生动教材。

连镇谢家坝

华家口夯土险工

第六节
大运河水陆城门

1. 水陆通用的苏州盘门

盘门是苏州城墙西南角的水陆结合的城门，是苏州古代军事、水运的重要通道，位于江南运河苏州城区运河故道上，是连接大运河与苏州古城的一个重要节点。战时守城防御、汛期防洪泄洪、平时水陆通行。

盘门始建于公元前 514 年，因苏州城重要的军事经济地位，在后世不断得到维护和加固。现存盘门为元至正十一年（1351 年）重建，经明清两代续修。

盘门由两道陆门、瓮城与水门组成，水门内设置 2 道水闸，起军事防御与调控水位的作用。门朝东南，水陆两门并列，包括两道陆门和两道水闸门。两道陆门间为略呈方形的瓮城。

苏州位于长江下游多雨地区，又与运河相连，每年汛期都对苏州城产生影响，通过水门的设置，可以较好的解决城市的防洪、泄洪。盘门采用“面东背水”抹角做法，避开了水流方向，避免了水流的直接冲击。结构上采取水陆两门错位并列，砌筑水、陆两道城门，并把它们巧妙地组合成一个整体。盘门是现存典型并具有地方特色的古代水陆城门，保存完好，作为遗址对外开放。

盘门遗址

江南运河苏州段——盘门

2. 杭州凤山水城门

杭州凤山水城门是江南运河上现存的另一处水城门，位于杭州中河——龙山河上的古代水城门，处于杭州古城南端，扼守江南运河通往钱塘江的水道。杭州凤山水城门门洞由两个不同跨径的石拱券并联而成。南券中间有方形闸槽。两券间有石雕门臼，原有木质城门。杭州凤山水城门始建于13—14世纪（元代），15—19世纪（明清两代）多次修缮、重修。现作为杭州城墙遗址的一部分对公众开放。这两种水城门完全可以开发出一款游戏，不知哪家公司有兴趣?

杭州凤山水城门

第七节

木岸狭河、束水攻沙技术

由于古代运河借用黄河的水源，而黄河泥沙又常常淤塞运河运口和河道，因此，为解决黄河泥沙的问题，古代水利学家发明了“木岸狭河”“束水攻沙”等一系列工程。

1. 木岸狭河技术

木岸狭河是北宋采用的先进河道护岸工程，体现了在 11 世纪对泥沙理论的掌握与实践，通过缩窄航道，加快流速，提高水流的携沙能力，进而避免航道淤积。安徽柳孜遗址宋代“木岸狭河”遗存的发现，则让古老的水利技术“木岸狭河”在大运河上得到了印证。原来的运河宽度在 40 米至 60 米之间，而发掘中，发现河道仅 20 米左右，周围还有大量成排的木桩，经过发掘、推断及验证，专家认定此处是宋代“木岸狭河”遗存。隋唐大运河的水源主要来自黄河，黄河自古以来泥沙较大，因为水流缓和，日积月累，宽阔的河道被泥沙淤塞。为解决这种状况，从宋代开始，水利专家就对河道进行治理，方法是将宽阔的河道变窄，让水流变急。同时为保护河堤，会用成排的木桩护岸，这就是古代“木岸狭河”的由来。

在柳孜遗址发掘的沉船等文物，现存放在淮北中国隋唐大运河博物馆中。博物馆一楼的隋唐五代陶瓷厅、汉画像石厅、运河遗

安徽柳孜遗址

韵厅、宋代柳孜镇古街场景厅和大运河瓷展厅等是博物馆精华所在。运河遗韵厅内有一块刻着“柳江口”的石碑，还有一幅巨大的“开凿运河图”，再现了隋唐大运河的开凿场景。同时大厅内还展示了柳孜遗址复原，现场展示了一艘宋代货船。据介绍，这艘船是在柳孜运河遗址发现的8条沉船之一，这条船上当时出土的瓷器与南海一号上发现的瓷器是同一个窑口的，这充分说明了当时海上丝绸之路出海下西洋、下南洋的货物是从隋唐大运河运输过去的，大运河是海上丝绸之路的延伸段。

淮北中国隋唐大运河博物馆

2. 束水攻沙（蓄清涮黄）技术

历史上“束水攻沙”治河之策第一个提出者，是明朝水利学家潘季驯。从嘉靖四十四年（1565 年）到万历二十年（1592 年），潘季驯曾经四次主持治河工作，前后间续共计 20 年之久，在明代治河诸臣中任职时间最长，取得了显著的成就。

蓄清涮黄是明清两代在黄河夺淮期间，为了解决黄河泥沙在淮安清口进入大运河河道，影响漕运畅通的问题而采取的水利政策，办法是以河治河，即人为加高淮河东南岸的高家堰（今洪泽湖大堤），抬高其水位，以淮河的清水来冲刷黄河河道中淤塞的泥沙（束水攻沙）。在束水攻沙的基础上，潘季驯又提出在会淮地段蓄清刷黄治理河道的主张。他认为：“清口乃黄淮交会之所，运道必经之处，稍有浅阻，便非利涉。但欲其通利，须令全淮之水尽由此出，则力

洪泽湖大堤高家堰

能敌黄，不能沙垫。偶遇黄水先发，淮水尚微，河沙逆上，不免浅阻。然黄退淮行，深复如故，不为害也。”（《河防险要》）在这一思想指导下，根据“淮清河浊，淮弱河强”的特点，他一方面主张修归仁堤阻止黄水南入洪泽湖，筑清浦以东至柳浦湾堤防不使黄水南侵；另一方面又主张大筑高家堰，蓄全淮之水于洪泽湖内，抬高水位，使淮水全出清口，以敌黄河之强，不使黄水倒灌入湖。潘季驯以为采取这些措施后，“使黄、淮力全，涓滴悉趋于海，则力强且专，下流之积沙自去，海不浚而辟，河不挑而深，所谓固堤即以导河，导河即以浚也”。

但这一做法也带来了另一个后遗症，入清以后，因长期施行“束水攻沙”的治河方针，大量泥沙排至河口，河身延长，坡降减缓，水流下泄不畅，黄水还不时倒灌入洪泽湖，不仅扩大了洪泽湖区，还常决破高家堰，淹及里下河地区。清康熙年间靳辅治河时重点就放在自淮阴至河口段上，正是因为这一河段是当时河患最严重的地方。木岸狭河和束水攻沙技术也是可以开发科技游戏的，您说对吧？

第八节
北京城的澄清三闸

在大运河的最北端北京，也有大运河的水工遗址可供研学游。这就是为了调节通惠河河水的水位高差，便于航船出入什刹海，13 世纪末（元代初期）在通惠河靠近什刹海的附近设置的澄清上、中、下三闸。

1. 万宁桥旁的澄清上闸

澄清上闸位于万宁桥，这座闸结构大体分为闸门、闸墙和闸基三部分，现存除木质闸板已糟朽外，闸墙和闸基依然坚固，保留完好。澄清上闸已废弃不用，失去水闸的原有功能。闸体东侧的万宁桥仍作为交通桥使用。

万宁桥位于澄清上闸以东，是什刹海向东运河上的第一座桥梁。始建于 13 世纪末（元代至元年间），跨通惠河而建。原为木桥，后改为单孔石拱桥，护岸上置镇水兽。元漕运船队经过“万宁桥”时，都会收起帆桅，体型过大的船只停在桥外岸边，通过雇佣人力搬运船货。现场我们看到

北京澄清上闸

有很多运河和历史文化爱好者来到万宁桥下，拍摄澄清上闸旁古代石质的镇水神兽——趴蝮。这里的镇水神兽共有6组，形态各异。

2. 东不压桥与澄清中闸

澄清中闸是漕船行至运河终点码头什刹海的必经之路，为通惠河北段河道上的重要水工设施。随着明皇城墙外扩，玉河故道失去行船功能，澄清中闸被废弃不用，现仅存闸口遗迹。

澄清中闸研学游

澄清中闸南部为东不压桥。东不压桥始建于元代以前，现为遗址状态。东不压桥整体呈西南往东北向，中间窄、两头宽，桥侧面呈弧形。桥两侧的引桥保存相对完整；清理出的桥面石以黄白色花岗石与豆青石相间。今天这里建起了北京运河文化展示馆，各地游客和学生争相来此研学，了解北京段运河的前世今生。

3. 皇城墙根下的澄清下闸

听北京同行说，在大运河申遗过程中发现了澄清下闸，于是请他们带我们去看看，坐着车子来到北河沿大街的一处工地，同行说澄清闸的下闸遗址就在这里，离“皇城墙根遗址”不远。据说在新修北河胡同到东吉祥胡同的一条水道时，发现了这处澄清下闸遗址。

历史上澄清下闸位于通惠河与玉河之间，作用是控制通惠河与玉河的水位。现在已见不到当初的通惠河河道，在北河胡同水道入口处岸上立有两块石碑，上书“全国重点文物保护单位 大运河——澄清下闸遗址”和澄清下闸遗址简介，这就是新修复的澄清下闸。目前，玉河遗址澄清闸下闸河段修复还正在进行中，但是已可见玉河河道水穿过的芦苇荡，水中偶有几尾小鱼缓缓游过，堤岸上柳树成荫与河边亭台楼榭和灰墙古街相映成趣，构成了一幅现实中的古都风貌图。

澄清下闸遗址

在这段河道旁的墙面上，艺术家们制作了一幅类似砖雕的《京杭大运河风物图》，向游人及参访者全景展示了从北京到杭州的京杭大运河历史文化遗存，让游客们一图览遍京杭大运河全线的重要景点。澄清三闸地处北京，完全可以成为各种运河研学游的起点，建议北京有关部门进行一些策划，吸引全国各地的爱好者前去参观研学。

第九节 大运河上的桥

有河必有桥，中国大运河上有无数座桥梁，其中宝带桥、长虹桥、拱宸桥、广济桥、八字桥是大运河沿线众多桥梁中最典型的代表。他们体现了古代中国桥梁工程设计与施工的卓越水平。

苏州宝带桥是53孔薄墩联拱石桥，长度超过300米，采用密集木桩处理桥墩基础，榫卯结构连接砌筑石块，适应了南方软土地基经常出现的沉陷、变形情况。宝带桥既是桥梁也是纤道，同时也可以宣泄来自太湖的水量，可以说具有复合功能。

长虹桥（嘉兴）、拱宸桥（杭州）、广济桥（杭州）均为高拱石桥，这些高拱石桥采用预应力的施工方式，使桥拱负载更大，变形更小。采用剪力墙结构以抵抗变形应力，采用榫卯构造而非黏合剂进行砌筑以适应微小变形的需要。拱券薄到非常大胆的程度，如拱宸桥拱石厚度只有30公分。三座桥梁中孔跨度都在15米以上，通航净空大，利于大货运量的船只通航。

位于绍兴的八字桥为中国早期简支梁桥中的孤例。建造者根据特殊地形，结合周边环境，因地制宜，合理设计了跨越三河、沟通四路、状如八字的桥梁，巧妙地解决了复杂的水陆交通问题。

1. 53 颗明珠串成的宝带桥

享有桥乡美誉的城市在中国大运河沿线有两个：一是苏州；二是绍兴。唐代诗人、曾任苏州刺史的白居易有称诗赞过苏州的桥："绿浪东西南北水，红栏三百九十桥"。据记载，宋代《平江图碑》上刻有 359 座桥梁，至民国时城内城外总共达 1000 多座。苏州城尽管被称为"东方威尼斯"，但桥梁之多，平均每平方公里有 15 座，远远超过了意大利著名水城威尼斯。而苏州的桥梁中最著名的要数中国大运河上的宝带桥。

苏州宝带桥位于苏州南部的吴江塘路上，始建于 816—819 年，形似宝带，因此得名。1442—1446 年改建为 53 孔连拱石桥，沿袭至今。宝带桥是江南运河河岸上的桥梁与水门，长度超过 300 米，是多孔薄墩联拱形石桥，代表了古代中国桥梁工程设计施工的卓越水平。明代吴门画派的代表人物文征明曾作过一首《宝带桥》诗："云开霄汉远，春入五湖深。天外飞虹彩，波心日泻金。三江自襟带，双岛互浮沉。十里吴塘近，归帆带暝阴。"乾隆皇帝也曾作过一首《过宝带桥有咏》的诗："金阊清晓放舟行，宝带春风波漾轻。孔五十三易疏泄，涨痕犹见与桥平。"

宝带桥为连拱桥，各孔拱形均属圆弧，接近于半圆形，孔高与孔径之比（即矢高比）接近 1/2，属于陡拱。陡孔不仅对墩、台产生较小的水平推力，而且桥孔的净空较大，便于行舟。为了避免这类柔性墩所引起一孔受损波及全桥的情况，在北起的第 27 号墩，以两墩并成一墩，构成能承受单向推力的刚性墩，也就是制动墩。

各拱拱圈是由一条条弧形的板拱石并列砌筑而成，板拱石的端点之间设有横向长铰石，板拱石两端各琢有石榫，插入长铰石上预留的榫眼，相互结合。其独特的优点是，当桥拱发生温度变化、基础沉陷或承受不对称的活荷载时，各条板拱石的石榫能在长铰石的榫眼里作微小的运动，自动对拱圈的形状作微小的调整，使拱圈的

宝带桥

受力有所改善。

宝带桥是中国桥梁传统建筑技术与文化艺术结合的典范，桥体采用形态优美、多孔狭长、曲线柔和的联拱桥型，置身于湖光山色的澹台湖中，远望53个桥孔，宛如53颗明珠串成一条玉带，浮现在江南运河上闪耀光辉。

2. 吴越交界地的嘉兴长虹桥

在我国，有4座长虹桥，分别是嘉兴长虹桥、云南长虹桥、北京长虹桥、台湾长虹桥。嘉兴长虹桥横跨于江南运河上，是嘉兴市最大的石拱桥，在嘉兴市郊区王江泾镇里街东南。始建于明万历年间，清康熙五年（1666年）重修，嘉庆十七年（1812年）再修，太平天国时桥栏石损毁，光绪六年（1880年）修复。

长虹桥是中国大运河上罕见的巨型三孔实腹石拱大桥，气势宏伟，形似长虹。桥全长为72.8米，桥面宽4.9米，东西桥阶斜长为30米，各有台阶57级，用长条石砌置。桥拱三孔，是纵联分节并列砌筑法的半圆形石拱。主孔净跨16.2米，拱矢高10.7米；东西两边

长虹桥

孔净跨 9.3 米，拱矢高 7.2 米。桥边孔两侧有两副对联：一面为“劝世入善，愿天作福”，另面为“千秋水庆，万古长龄”；中孔楹联一面为“淑气风光架岭送登彼岸，洞天云汉横梁稳步长堤”，另一面为“福泽长流物阜民安国泰，慈航普渡江平海晏河清”。长虹桥造型如长虹卧波，天气晴朗时，登桥远眺，北之吴江盛泽，南之嘉兴北门外隐隐可见。古人形容桥为“虹影卧澄波，登高供远瞻。南浮越水白，北接吴山绿”。长虹桥保存得很好。桥两坡各有 57 级石阶，用平整的长条石砌成，桥栏也是长条石，用石凿的榫卯联接，朝里侧凿成可供人休憩的弧形。

3. 京杭运河最南端的标志拱宸桥

拱宸桥位于杭州北部的大运河杭州塘上，横跨大运河，是中国大运河中的京杭大运河到杭州的终点标志，也是杭州城区最大的一座石拱桥。处于杭州市区大关桥之北，是三孔驼峰薄拱薄墩联孔石拱桥，全长 98 米，桥面中部宽 5.90 米，桥身高约 16 米，采用木桩基础结构，拱券为纵联分节并列砌筑。拱宸桥始建于明崇祯四年

（1631 年），现保存完整，仍在使用。

据《古今图书集成 · 杭州桥梁考》和康熙《杭州府志》载，由明末商人夏木江所倡建。此桥在清代几经毁坏重建。顺治八年（1651 年）桥身曾坍塌；康熙五十三年（1714 年）由浙江布政使段志熙倡率捐筑，云林寺的慧辂竭力捐募款项相助。雍正四年（1726 年）右副都御史李卫率属下捐俸重修，把桥加厚 2 尺，加宽 2 尺，并作《重建拱宸桥记》。据《1860 年杭州拱宸桥老照片》介绍：同治二年（1863 年）秋，左宗棠率湘军及"常捷军"向杭城的太平军猛攻，由于拱宸桥桥心设有太平军堡垒，经战火洗劫，桥再次濒于倒塌。光绪十一年（1885 年），在杭州人丁丙的主持下重修。19 世纪末杭州开埠后，在拱宸桥桥面中间铺筑 2.7 米宽的混凝土斜面，以通汽车和人力车。新中国成立后，杭州市人民政府规定禁止通行机动车。

2005 年，拱宸桥进行大修，这也是拱宸桥 120 年来头一次大修。2006 年，杭州运河集团又将长 3 米、重 2 吨的护桥石更换。古老的

拱宸桥

拱宸桥，以更坚强的形象，横跨在运河上。现存拱宸桥是一座三孔薄墩联拱石桥，是杭州古桥中最高最长的石拱桥。我国薄墩薄拱技术起始较早，国外一直到18世纪才有薄墩拱桥的建造。拱宸桥长92米，中孔跨径16.5米，边孔跨径11.9米；桥面两侧以素面石栏围护，中刻“拱宸桥”三字。由于桥下运河航运繁忙，为避免船撞，于主孔上、下游共设置四个防撞墩，每个防撞墩上均雕有避水神兽，名为虮蝮。拱宸桥所采用的多孔薄墩联拱结构，是中国古代石拱桥的又一成就。这种拱桥当一孔的拱券上承受载荷，就会牵动两边桥墩产生变形，从而把力和变形传到相邻拱，各拱之间相互的推力可以平衡，以节约材料。

小贴士：拱宸桥桥名的由来

拱宸桥桥名的由来也很有意思，相传在古代，“宸”是指帝王住的地方，“拱”即拱手，两手相合表示敬意。每当帝王南巡，这座高高的拱形石桥，象征对帝王的相迎和敬意，拱宸桥之名由此而来。

4. 大运河上仅存的七孔石拱桥塘栖广济桥

中国多处地方都有名为“广济桥”的桥梁建筑，在江南运河上就有常州的广济桥和杭州的广济桥。杭州塘栖的广济桥曾名通济桥、碧天桥，俗称长桥，位于杭州塘沿线的塘栖古镇上，是中国大运河上保存较好的薄墩联拱七孔实腹拱桥，也是大运河上保存至今规模最大的薄墩联拱石桥。桥全长 78.7 米，面宽 5.2 米，矢高 7.75 米，中孔净跨 15.6 米。七孔，拱券纵联并列分节砌筑。

据说桥建成于唐宝历至林得年间。明代弘治二年（1489 年）一个姓陈的僧人，为了建桥募捐一直到了北京，得到了皇太后的赏赐，也得到了宫中的众嫔妃与朝廷大臣们的资助。据《塘栖志》卷三《桥梁》记载：“通济长桥在塘栖镇，弘治二年建。”到了弘治十一年（1498 年）建成。今桥为清康熙年间（17 世纪末）重修。如今广济桥势如长虹，造型秀丽，历经 500 余年仍雄踞大运河之上，保存完好。

塘栖广济桥

广济桥是塘栖的骄傲，有人称它为塘栖的龙鼻，高峻挺拔。以前，这里的民间还有“走桥”的民俗。每年正月十五元宵节，除了吃元宵、迎花灯、猜灯谜外，还有走桥祈福的说法。走桥是江南的一个民俗。据说元宵节晚上走的桥越多，得到的福分就越多。所以到了当天晚上，人们成群结队，提着花灯，在河边、桥上游走，远看去，很是壮观。

5. 中国最早的立交桥八字桥

绍兴被称为“桥城”，据绍兴市交通部门1993年底的统计，全市有桥10610座，其中有许多清以前的古桥。其中最著名的要数被称为“中国最早立交桥”的建在浙东运河上的八字桥。

八字桥坐落于绍兴城河段运道上，位于浙江省绍兴市越城区八字桥直街东端，三河交汇处。始建于南宋（12—13世纪），后多次维修。八字桥为梁式石桥，主桥东西向，横跨稽山河，总长32.82米，桥洞净跨4.91米，宽3.2米，洞高3.84米。八字桥为我国早期简支梁桥中的孤例。建造者根据特殊地形，结合周边环境，因地制宜，合理设计了跨越三河、沟通四路、状如八字的桥梁，巧妙地解决了复杂的水陆交通问题，是根据特殊地形，结合周边环境，因地制宜的合理设计。

八字桥虽已经历了近八个世纪的风风雨雨及天灾人祸，至今仍极为完好。八字桥处是三条河流的交叉点。南北流向的是主河，至今仍通船只，东西两侧各有一条小河。东去五云门，北通都泗门，西可进入市中心，南近东双桥，地理环境复杂，位置重要。宋代的匠师们非常聪明地利用了这里的天然条件，设计时把桥址选在三河交点的近处，正桥架在南北流向的主河上，净跨45米，桥高5米，桥洞宽3.2米，全部用花岗条石砌成。副桥架于两侧的踏跺（引桥）下。

八字桥

八字桥桥形非常优美，桥的踏跺，东侧沿主河岸向南北两个方向落坡，西侧向南面、西面两个方向落坡。从北边的广宁桥上过来沿着这条主河岸，可直达八字桥顶，从桥上可再分两边或南下或西下。在这两条踏跺下面又各筑有两座方形桥洞，跨越两条小河。走下桥后，往北回首，这两条踏跺极像一个巨大的“八”字。这座古立交桥下还筑有纤道，供背纤人拉船顺利通过，每个望桥柱上都雕刻着极为优美秀雅的覆莲形浮雕图案。这桥平面布置也独具特色，架三桥跨三河通三街但整体是一座桥，既解决了水陆交通问题又在建桥时不拆屋不改道，和周围原有的环境自然地融会在一起。这是我国桥梁建筑史上极为优秀的范例。

运河上的古桥还有很多，这些桥既是运河历史的记录，又是运河科技的见证，运河研学一定要将运河古桥作为重点。

第十节
大运河上的古纤道

纤道指古代行舟拉纤用的通道，是指架设在水面上的、由一座座石桥连接而成的水上通道。纤道也称纤路、纤塘、运道塘、纤道桥。在运河边并与运河（古时也称塘河）平行，属国家水运交通设施，主要由官府出资修建，也有民间捐资协建，故称官道、官塘。纤道根据其构造又可分为两类，即实体纤道和石墩桥梁型纤道。前者是由石料实砌成，又有河塘（水中纤塘）和岸塘（依岸纤道）之分；后者是由石墩梁桥间以若干座拱桥、梁桥构成的水中长桥。大多纤道都是两种形式的混合型。纤道上的桥称纤桥，有单孔多孔之分，并有平桥（梁桥）和拱桥之别。纤道也是行人通道，沿途有渡口，凉亭等设施，以方便行人。纤道为当地的水上交通提供了极大的便利，直到20世纪六七十年代，机动船替代了人力船，纤道退出了历史舞台，但作为文化遗产，纤道为研究我国的桥梁建筑史提供了丰富的实物资料。

1. “九里石塘”吴江古纤道

吴江古纤道旧称“九里石塘”，是吴江塘路的一部分，位于吴江市松陵镇南，长约1500米，始建于唐元和十五年（820年），修筑时所垒的巨石由石工凿成统一尺寸的青石砌筑，路基用直径10~12

厘米的杉木梢打入土中。明清时期，吴江古纤道既是运河河岸又是纤道，还被充作驿道，是水陆并用的交通要道。吴江古纤道为江南古塘路中最重要的一段，其构筑的科学性、实用性、美观性，成了后来许多塘路效仿的典范。

吴江古纤道

吴江古纤道曾有一个辉煌的名字，叫“九里石塘”。这“九里石塘”长约9里，3~5米宽，两面临水，是一处绝妙的风景。

据介绍，九里石塘的所在地原先是运河与太湖的混合地，从运河往西，是大片的太湖浅滩洼地，太湖水大时，水会漫过浅滩与运河交汇。由于风急浪大，船行不便，翻船覆舟是常事。因此，筑堤修路，成了古代吴江人的共同愿望。

然而要在吴江这样地势低洼、土质松散、湖荡密布的地方筑堤修路，实在不是件容易的事。直到唐元和年间（806—820年），湖州刺使范传飞顺应民意，经过精心准备，塘路修建工程正式开工，后来宋庆历八年（1048年），增石修治，元至正六年至七年间，又用巨石修筑，至此，九里石塘才真正完成，所以九里石塘又名“至正石塘”。

2. 天才的创造：绍兴古纤道

绍兴古纤道位于绍兴县萧绍运河上，是绍兴独有的桥、路相结合的古道。这种运河与天然河流交汇处的工程设施，是古代以人力背纤为行船提供动力的通道，是运河船运的重要辅助设施。

在萧绍运河中，有些河段河面较宽，风急浪高时，有碍船只正常航行，需步行拉纤。近岸处弯弯曲曲，拉纤十分不便，古人便兴建了一条与运河并行的长桥——纤道桥。绍兴古纤道全长 7.7 公里，始建于西晋。当时开凿西兴运河后，即逐渐在岸边形成纤道。唐元和十年（815 年）进行大规模修整。明弘治年间改用石砌纤道，形成现有规模。

古纤道有单面依岸和双面临水两种类型。前者用条石错缝平砌间丁石或用条石顺丁垒砌，其上横铺石板为路面。后者又分为实体纤道和石墩纤道，其中实体纤道用条石错缝平砌间丁石，上铺石板；石墩纤道的做法是每隔 2.4~2.8 米，用条石错缝干砌桥墩，上置石梁，计 281 洞。纤道上还每隔里许间以石拱桥或石梁桥，以通行船只。纤夫使用纤道，既提高了航运效率，又确保了纤夫的生命安全，在没有机械动力的古代，是一种天才的创造。

绍兴古纤道

随着交通运输事业的发展，运河上来往船只已由昔日的人力驱动变为机械驱动，古纤道的功能演变成为观光旅游、欣赏水乡景色等。杭州歌舞剧院排演的歌舞剧场《遇见大运河》曾经将古纤道作为舞台再现过去纤夫们的生活。古纤道也成了摄影爱好者的天堂，相信您也一定能在古纤道上拍出精美的照片。

绍兴古纤道上再现《遇见大运河》画面

淮安漕运总督府遗址、中国漕运博物馆

洛阳含嘉仓160仓窖、洛阳仓窖博物馆

回洛仓遗址

杭州富义仓文化创意园

鹤壁黎阳仓遗址

北京南新仓历史文化街区

扬州邵伯码头

镇江宋元粮仓遗址

塘栖御码头

商丘南关码头

扬州御马头

通州漕运博物馆

阳谷盐运司遗址（海会寺）

扬州盐运使司衙门遗址、扬州盐宗庙

临清钞关

高邮当铺

南阳钱庄

聊城山陕会馆

宁波庆安会馆

苏州全晋会馆

北京湖广会馆

扬州岭南会馆

开封山陕甘会馆

盂城驿

汪鲁门盐商住宅（扬州大运河盐文化展示馆）

卢氏盐商住宅（扬州淮扬菜博物馆）

第三章

帝国漕运的通道

漕运是中国历史上特有的一种现象，它是由国家政府组织和管理，利用水路（河道或海路）调运专门物资（主要是粮食）到首都（或其他由国家政府指定的重要军事政治目的地）的专门运输体系。它是古代中国这个中央集权国家最根本的需求之一，也是最主要的赋税方式和治理国家最主要的统治手段。漕运是一种有效的政治与经济制度，是解决中国南北社会和自然资源不平衡的重要措施，实现了在广大国土范围内南北资源和物产的大跨度调配，沟通了国家的政治中心与经济中心，促进了不同地域间的经济、文化交流，在国家统一、政权稳定、经济繁荣、社会发展等方面发挥了不可替代的作用，产生了重要的影响。而中国古代漕运主要是通过大运河，因此，大运河也被称为漕河。大运河留下了众多漕运时代的遗存。本章通过对运河漕运、交通运输及商业遗存的介绍，体现大运河对中国古代漕运及商业的影响。

第一节
运河漕运的管理机构

1. 漕运总督衙署

总督漕运公署遗址位于江苏省淮安市楚州区老城中心，毗邻原淮扬运河河道，是明、清两代主管南粮北调等漕运工作的朝廷派出机构，是统管全国漕运事务的漕运总督的官署建筑群。

淮安自明初就是连接南北漕运的转输中心，该城的经济发展与漕运是密不可分的。为了适应漕运之需，明政府特设漕运总督于淮安，督理漕政。明代朝鲜崔溥所著的《锦南先生漂海录》中记载了作者于明成化年间沿运河北上，途经淮安所见的“钞厅”“常盈仓”“漕运府”等情况，佐证了淮安总督漕运公署遗址的历史重要性。

此处建筑，始建于宋乾道六年（1170 年）。12—13 世纪（元代）这里是淮安路总管府。14 世纪时（明初）陆续改为淮安府署、淮安卫指挥使司署。明万历七年（1579 年），改为漕运总督府。直到 19 世纪末 20 世纪初（清末）迁并裁撤漕运总督，公署逐渐废弃。

考古发掘工作表明，整个遗址呈长方形，南北长 133 米，东西 30.55 米，整体分为东、中、西三路，中轴线上由南向北依次为大门、仪门、大堂、二堂、大观楼、淮河节楼、后院等，与南面的北宋镇淮楼、北面的淮安府署在同一条中轴线上。另外遗迹下 3 米处发现

淮安总督漕运公署遗址

中国漕运博物馆

有宋元代文化层。目前大堂、二堂、大观楼遗址已按原状保护。

现存部分建筑房基、础石等遗址已经完成保护工程，并对外展示开放，可完整呈现建筑群总体格局。淮安还建起了漕运博物馆供游客参观、了解漕运知识。如果您来淮安，可别忘了去漕运博物馆打卡哟！

第二节
运河边的天下粮仓

历史上，为适应漕运的需要，中国大运河沿线建有众多的粮仓。运河沿线上的仓储设施展现了不同历史时期，在大运河关键节点设置的仓储设施体系规模和形制，见证了大运河作为国家漕运通道的主体功能，也展现出在隋唐宋时期和元明清时期的粮仓建造与粮食保存技术。

回洛仓仓窖遗址

现存粮仓遗址主要有两类：第一类是隋唐运河沿线的含嘉仓、回洛仓、黎阳仓等，这类修建于隋代和唐代，粮仓都建在地下；第二类是元明清大运河沿线的富义仓、南新仓，这类粮仓建设于明清时期，是建在地面上的砖木结构建筑。

1. 含嘉仓能储存多少粮食？

含嘉仓是隋炀帝建东都洛阳城时在城东所建，供东都百官、皇室之需。含嘉仓的规模有粮窖 400 座以上，每座粮窖储粮约 50 万斤。据此推断，含嘉仓可储粮 12.5 万吨，并沿用至唐末。

含嘉仓 160 号仓窖位于隋唐洛阳城皇城内，是含嘉仓迄今发现的最完整、储量最大的仓窖遗存。含嘉仓建于隋大业元年（605 年），与通济渠开凿于同一时间，唐以后正式作为东都洛阳的大型粮仓沿用。文献记载，唐天宝年间，全国储粮约 1200 万石，而仅含嘉仓的粮食储量就达到 580 万石。

1970 年洛阳博物馆对含嘉仓遗址进行了钻探和重点发掘，找到了仓城，其东西长 612 米，南北宽 710 米，总面积 43 万平方米；探出粮仓 287 座；发掘粮窖 40 余座。据统计，含嘉仓共有圆形仓窖 400 余个。大窖可储粮 1 万石以上，小窖也可储粮数千石。唐天宝八年（749 年）总储粮量约为 5833400 石。仅唐德宗贞元十四年（1798 年），一次出粜粟就达 7 万石。其主要积江淮之米，西运至太原仓，以实关中。

储存粮食最重要的是防潮湿。含嘉仓储粮的窖都在地下，最深为 12 米，一般为 7~9 米。粮窖口大底小，窖口最大直径为 18 米，一般为 10~16 米。窖底夯实后，用火烘干，周壁和窑底铺设草、木板、糠、席等物，然后储粮，粮入窑后，上面铺席，堆糠和垫草。窖顶为圆锥形，最外层是厚厚的黄泥。发掘工作表明，160 号仓窖的窖底防潮措施从下至上依次为：首先夯实窖的底、壁；其次烘干窖底、壁；再次铺设防潮材料；最后在窖上层底部用草来防潮。整个仓窖防潮、密封，温度又低，能很好地保存粮食。在已发掘的仓

含嘉仓 160 号仓窖

窖中，出有刻字砖，记载仓窖位置、粗粮来源、入窖年月以及授领粟官的职务、姓名等。砖文所记大多是唐高宗、武则天和唐玄宗时期，有调露、天授、长寿、圣历和开元等年号。粮仓储存的粮食品种有糙米、粟、小豆等。其来源有苏州、徐州、楚州、润州（镇江）、滁州、隋州（邢台）、冀州（河北冀县）、德州、濮州（山东濮县）和魏州（河北大名）等地。其中一个窖里，存有北宋时放进的50万斤谷子，至1969年考古发现时大多颗粒完整。

含嘉仓遗址出土的刻铭砖

2. 回洛仓是怎么毁掉的？

回洛仓是隋代大运河沿线的大型国家性漕仓之一，位于洛阳北七里，是隋代洛阳周边最重要的粮食仓储。全面反映了隋代漕运粮食储藏的情况，是隋代大运河漕运情况的实物见证。

回洛仓始建于隋大业二年（606年），《隋书·食货志》载："炀帝即位……始建东都……每月役丁二百万人。徙洛州部内人及天下诸州富商大贾数万家，以实之。新置兴洛及回洛仓。"《资治通鉴》卷180记载："炀帝大业二年十二月，置回洛仓于洛阳北七里，仓城周回十里，穿三百窖。"

回洛仓后毁于隋末农民战争，沿用时间较短，之后逐渐荒废埋于地下。据考古工作者考证，回洛仓遗址位于隋唐洛阳城宫城以北3.5公里，今洛阳市北郊瀍河区邙山南麓，现为村民的耕地。2004年6月，在第一拖拉机厂东方红轮胎有限公司整体搬迁改造工程中，考古钻探人员发现仓窖71座、古代道路3条、古代墓葬数百座。截至2013年1月，考古人员已布大小探方11个，发掘总面积4000平方米。

据史书记载，回洛仓的粮食到了唐贞观年间依然可以食用，因此回洛仓保存粮食水平之高让后人叹为观止，仓窖的制作工艺一直令外界着迷。大运河申遗成功，回洛仓成为世界遗产后，洛阳文物部门兴建了一座仓窖博物馆，供游客参观。您要去洛阳，可一定要去仓窖博物馆参观一下，领略千年粮仓的壮观。

回洛仓遗址

3. 黎阳仓是什么时候被发现的？

黎阳仓是隋代永济渠沿线规模最大的官仓，与洛口仓齐名，是隋代运河漕运的历史见证。遗址位于河南省鹤壁市浚县伾山街道办事处东关村东，地处大伾山北麓，东邻黄河故道，东北距黎阳城遗址约 1 公里，西距卫河约 1.5 公里。遗址因地处大伾山山麓，总体呈南高北低地形。遗址多处断崖有砖瓦残块叠压，地表发现有绳纹瓦、方格纹瓦、绳纹陶片、带菱形花纹的薄砖、带有“官”字印记的布纹板瓦、带有装饰图的筒瓦碎块等。

2011 年 12 月，河南省文物考古研究所对黎阳仓遗址进行发掘。截至 2012 年 6 月底，共发掘大小探方 25 个，探沟 4 条，发掘总面积 2252 平方米。通过勘探发掘，已摸清黎阳仓仓城平面布局近正方形，东西约 260 米，南北约 280 米，总面积约 72800 平方米；已探明粮仓中心区仓窖 84 座（其中发掘仓窖 2 个），占仓城面积的五分之四，仓窖直径多在 8~14 米，按平均容积计算，黎阳仓总储粮量超 3000 万斤，可供 8 万成年人吃一年。出土陶、瓷标本残片万余件，编号在册出土文物 400 多件，其中建筑材料板瓦、筒瓦占 90%以上，带“官”字款板瓦 200 余件。

通过出土的陶瓷标本和地层叠压关系看，自隋朝建立起，黎阳仓横跨隋唐宋三代，沿用了600年。开皇三年（583年）置，利用黄河向京师长安转运关东粮食。黎阳仓规模很大，宋代张舜民《画墁录》："余曾过大伾，仓窖犹存，各容数十万，遍冒一山之上。"元代汲郡王恽《游东山记》："遥径北麓，穿苍（仓）城，按观隋唐廪制。"杨玄感在黎阳仓起兵反隋，瓦岗军攻占黎阳仓，宇文化及与瓦岗军争夺黎阳仓大战等一系列重大历史事件，更使黎阳仓名垂青史。唐宋两代沿用黎阳仓，利用大运河漕运河北粮储以供应京师。政和年间（1111—1118年）黄河改道，黎阳仓渐废。

黎阳仓发掘现场

大运河申遗成功后，鹤壁市文物部门对黎阳仓进行了整体保护与展示，兴建了考古展示大棚，向世人展示黎阳仓的独特工艺。

4. 南新仓如今用于什么？

南新仓位于北京东四十条22号，是明清两代皇家仓库之一。据《皇家粮仓》一文介绍，明永乐九年（1411年），征调30万民工疏通元代的河道，开展漕运，使江南粮食得以源源不断运至北方，后来在通州及北京逐步修建了包括南新仓在内的许多粮仓。清代仍实行南粮北运，官家仓廒仍盛。每院仓房主要建筑有：廒座、龙门、官厅、监督值班所、官役值班所、科房、大堂、更房、警钟楼、激桶库、太仓殿、水井、辕门、仓神庙和土地祠等。清初时南新仓为30廒，后屡有增建，到乾隆时，已增至76廒。清乾隆中期以后，贮粮日益减少。到道光年间，该仓贮粮比清初大幅度减少。民国时，南新仓改为军火库，中华人民共和国成立后成为北京市百货公司

南新仓旧址

仓库。后来又拆了几座仓，现剩 9 廒。

如今，北京南新仓遗址被辟为南新仓文化休闲街，街区占地面积 2.6 万平方米，建筑面积 3.2 万平方米，步行街总长千余米，由南新仓古仓群、仿古建筑群和南新仓商务大厦底商组成。南新仓文化休闲街主打文化创意牌，在“皇家粮仓”上演的厅堂版昆曲《牡丹亭》，吸引昆曲爱好者纷纷前往观看。

5. 富义仓在哪里？

富义仓是江南运河杭州塘运河沿岸保存较完整的古代仓储建筑群，位于杭州市拱墅区运河主航道与支流胜利河的交叉口附近，便于粮食的收储与转运。

富义仓始建于清代光绪年间，占地约 2.36 公顷，是清代国家战略粮食储备仓库。仓名取“以仁致富、和则义达”之意。原有四排仓储式长房，现尚存三排，基本格局尚存，卸货的码头仍在。是杭州城北部地区重要的仓储建筑群，见证了历史上漕运制度和米市、仓储和码头装卸业等经济业态曾经的发展、繁荣。

富义仓

杭州市对富义仓地区的利用主要是作为历史文化的展示，南面是反映接驾文化的御码头，往北是佛教文化气息浓厚的香积寺和大兜路历史文化街区，东为特色临水古街——胜利河美食街，西则与运河特色画舫“乾隆舫”隔河相望。

大运河申遗成功后，杭州市又将富义仓利用为创意文化产业园，从单纯的古建展示供游人参观到打造以体现“运河文化”“仓文化”“旅游文化”的富义仓创意空间。富义仓中有韵河讲堂、宋书房等文化场所。富义仓创意空间以富义仓百年的建筑为基础，保留原有风貌，以保护和合理利用原有建筑和实物为原则，致力让富义仓更生活更时尚，让百年古仓恢复朝气与活力。从前的富义仓贮藏着人们的物质食粮，护卫着人们的身体，如今的富义仓则为更多人供给着精神食粮，见证着人们的生活从贫苦到富足，从追求物质到享受文化。经过修旧如旧的改造，富义仓成为小众艺术中心，旧物展、画作展、戏曲文化展……被保留下来的 13 个粮仓打造出不同主题空间，吸引着各类人群前来打卡。售卖文创产品的小店、弥漫着咖啡香的小馆，张贴着近期展览、演出海报的墙壁，都让富义仓充满了年轻人钟情的文艺范儿。在青石砖铺就的路上漫步，依然保留着仓库原貌的氛

富义仓仓房

富义仓创意文化园

镇江宋元粮仓遗址

围很容易让人产生浓浓的怀旧感。

小贴士：镇江宋元粮仓遭毁

其实，除了上述两类粮仓，2009 年，南京市博物院和镇江市博物馆还在镇江发现了宋元时期的粮仓遗址，这也是镇江作为运河漕运枢纽的实证，该项目因此入围了 2009 年度全国十大考古新发现。当时大运河申遗正处于价值研究阶段，镇江宋元粮仓的发现，让专家们齐声欢呼。此处遗址前临宋元时期的运河，后枕长江，规模宏大，布局规整。根据考古发现与文献对比考证，很可能就是转般仓和大军仓遗迹，是宋、元、清三个朝代的遗迹。这处遗址的发现，丰富了古代镇江作为转运港口的历史，对于大运河全线的漕运体系具有特别意义，其中粮仓、桥、河道、驿站、衙署机构等建筑遗迹的丰富性，也非其他沿线粮仓遗址所能相比。

但镇江有关部门极不配合文物保护，为了开发房地产毁掉了宋元粮仓遗址。当时，这个遗址内共发现 13 座宋元粮仓。但在如意江南楼盘施工范围内的 8 座已全部遭毁，其中一号、二号仓所在位置已经打桩，只剩下部分仓基，另外 6 座已被破坏殆尽。因为镇江宋元粮仓的破坏，致使大运河遗产系列中一处重要的漕运遗产不复存在。最后，镇江在大运河申遗的遗产点名单中颗粒无收，无缘世界遗产，这不能不算是一个惨痛的教训。保护世界遗产一点不能松懈呀！

第三节
运河上各式各样的码头

运河上的船都是要靠岸的，漕运就需要码头，在大运河沿线布满了各类码头遗存，不同的码头又各有分工，分别承担着接卸漕粮、往来客运和商货转运的职责。大运河上的码头有三大类：第一类是漕运的专用码头，民船是不能在漕运码头卸货的；第二类是装卸民间货物的码头；第三类是供坐船的客人上下船的码头。第三类客运码头中也有一种因皇帝由此上下船而被称为御码头。

1. 运河上著名的漕运码头有哪些？

（1）通州漕运码头“漕运通济”

位于大运河北端的通州，取“漕运通济”之意，历史上曾是四方来贡、漕运物资的水路必经之地。被誉为“大运河第一码头”的张家湾历史悠久，曾是大运河北起点上重要的水陆交通枢纽和物流集散中心。漕运的发达带来了通州的繁荣。清康熙三年（1664 年）朝鲜国以右相洪命夏为上使率使团来中国，他们在《甲辰燕行录》中记述道：“望见通州，城外上下数十里帆樯簇立，车马如织。”乾隆五十八年（1793 年）英国使臣马戛尔尼在他的《英使访华录》中曾记载道：“通州这个地方商业繁盛，从停泊在河上的大量船只数目和令人惊骇的人口稠密可以看出。”可见码头成为通州繁盛的代表。

通州漕运码头

（2）道口漕运码头

河南滑县道口古镇现存 9 个古码头，漕运码头是其中的一个。码头用规则的青石和白灰垒砌而成。此码头设有防护门道和防洪闸槽，门道上方的镶阴刻匾额，上面还刻有“山环水抱”四个大字。

道口古镇的码头

2. 运河上的货码头是怎么分工的？

明清时期，随着大运河沿线商品经济的发展，大运河的运输功能发挥越来越大，出现了专业的货运码头，而且按运输货物的不同对码头进行了分类。

（1）邵伯镇四座码头各有分工

在淮扬运河古镇邵伯至今还存在着码头群遗址。位于邵伯运河东堤上一字排开四个古码头遗址，自北向南分别称为竹巷口码头、大码头、朱家巷码头和庙巷口码头。

自从邗沟贯通江淮，邵伯成为南北往来必经之路，船舶往来日渐繁盛，因此在邵伯镇明清大运河故道两侧形成了大量码头。18 世纪时，修建邵伯运河东岸大堤，同时修建了竹巷口码头、大码头、朱家巷码头和庙巷口码头共四座码头。这四座码头的功能各自不同，大码头和

邵伯大码头

商丘南关码头遗址

通州客运码头

朱家巷码头主运八鲜货和商店物资，竹巷口码头是装卸竹木器的，庙巷口码头主要是运输粮、蛋、桐油等物资，同时大码头又是官商两用的。邵伯镇在清以前的繁荣，很大程度上依赖于这四座码头。1936 年运河改道之后，这些码头也被逐渐废弃，现作为遗址展示。

（2）商丘运河码头发现隋唐时期多个窑口的瓷器

隋唐大运河商丘码头遗址坐落在商丘市睢阳区商柘公路与 105 国道之间。隋唐大运河的开通，促进了运河两岸城市的发展，宋州睢阳城（今商丘）就是依靠着大运河逐渐繁荣起来，成为繁华的商业大都会。到明代中期，隋唐大运河商丘段河道淤塞，该河道彻底废弃，后因黄河多次泛滥被掩埋于地下。2008 年文物部门开始了千年码头的挖掘工作。考古发现，北岸占地约 24.5 万平方米，南岸占地约 24.8 万平方米。已挖掘的北岸码头的一部分，约 7800 平方米，已调查发现大量隋唐时期钧瓷、汝瓷、哥瓷等多个窑口的瓷器。这是不是也充分证明了大运河是海上丝绸之路的延伸段？

3. 运河沿线有哪些御码头？

（1）宿迁御码头直通龙王庙

宿迁御码头遗址位于江苏省宿迁市皂河镇骆马湖西南。清康熙二十三年（1684 年）敕建龙王庙行宫，并建有“御马路”。清乾隆二十二年（1757 年）乾隆帝六下江南，御舟泊于皂河镇内大运河岸石码头，经“御马路”至龙王庙祭拜并下榻于龙王庙行宫。御码头约有 80 平方米，块石垒砌，离水面高约 3 米。至今，其基石仍依稀可见。

（2）扬州天宁寺御马头成为“乾隆水上游览线”的起点

天宁寺为江苏扬州的名刹，始建于晋代。乾隆十八年（1753 年），扬州盐商于天宁寺西园兴建行宫，三年而成。宫前建码头，乾隆游瘦西湖由此登船，亲笔题写了“御马头”三个字，码头及周边的

扬州御马头

河堤均为青石所砌，历经二百多年风雨，完好无损。而曹雪芹的祖父曹寅曾在此四次接驾。御马头修得如此壮观是在乾隆年间。曹雪芹在《红楼梦》中写的扬州姑娘林黛玉乘船离开扬州进京，应该就是从这个码头出发的。现在的御马头位于冶春茶社旁，为扬州著名的“乾隆水上游览线”的起点。

（3）塘栖御码头有座御碑亭

乾隆数次下江南到杭州都曾在塘栖码头上岸，这座御码头专门为皇帝而建。塘栖镇位于杭州市北部，大运河穿镇而过，使其成为苏、沪、嘉、湖的水路要津，历朝历代以来，塘栖均为杭州市的水上门户。塘栖以其独特的地理环境，形成了一个著名的水路码头。乾隆皇帝每次去杭州，必在此登岸。如今，人们在御码头一侧建了一座御碑亭，亭子中间立着一块乾隆皇帝题写的御碑。御码头旁就是著名的广济桥。

（4）通州有座黄船坞

在漕运年代，通州有座黄船坞，是专供皇家专用船停泊的地方。通州黄船坞自明朝永乐年间建造，既用于停泊皇帝、皇后专用的御

塘栖御码头

扬州御马头为“乾隆水上游览线”的起点

舟，同时也是皇家的专用码头。由南方水运而来的皇家专用物资在这里卸载，然后通过陆路、水路运往皇宫。常停在此处的黄船有10艘，以5艘轮值，前往南京的江南织造局，运输皇室专用的丝织等用品。到了清朝前期，黄船坞迁往天津，但黄船坞的地名一直保留了下来。以“柳荫龙舟”成为通州八景之一。

第四节
大运河边的盐运管理机构遗址

大运河不仅是漕粮运输的主要通道，同时也是运盐的主要通道。中国封建社会一直对食盐采取专卖政策，盐成为国家最重要的税收来源，而大运河就是运送食盐的主要通道，因此在运河沿线设立了盐业管理机构，至今还有众多盐运遗存。

1. 扬州两淮盐运使司衙署

两淮盐运使司在扬州。两淮盐运使掌握江南盐业命脉，向两淮盐商征收盐税，下辖淮安分司、泰州分司等。

“两淮”是个方位地理概念，一解为“淮南”“淮北”之合称，泛指今日苏皖两省淮河南北的地方，是纵向概念；一解为“淮东”“淮西”之合称，分别指代苏皖两省江淮之间的地方，是横向概念。就江苏来说，“淮南”的范围大致和“淮东”重合。

“盐运使”官名，始置于元代，设于产盐各省区。明清相沿，其全称为“都转盐运使司盐运使”，简称“运司”。其下设有运同、运副、运判、提举等官，有的地方则设“盐法道”，其长官为道员。这些官员往往兼都察院的盐课御史衔，故又称“巡盐御史”。他们不仅管理盐务，有的还兼为宫廷采办贵重物品，侦察社会情况。

现扬州两淮盐运使司衙署仅存门厅，为省级文物保护单位，位

扬州两淮盐运使司衙署

于市区国庆北路。坐西朝东，悬山结构盖筒瓦，面阔三间，进深五檩，门厅两侧筑有八字墙，门前有石狮一对，保存完好。2001 年已整修，作为东圈门历史文化街区的西入口景点。

2. 山东阿城盐运司

阿城盐运司位于山东聊城阳谷县阿城海会寺西侧，亦称运司会馆、山西会馆。现存建筑有山门、前殿、后殿、配殿等。南北长 72 米，东西宽 47 米。

盐运司建筑技法精湛，大殿柱础雕刻精细传神，木构件制作精巧，彩绘流畅生动。2009 年 8 月划归文物部门管理，文物部门对盐运司进行保护、维修。目前，盐运司已大部分修缮完毕，但仍有部分彩绘未恢复。作为中国大运河重要的附属遗产，盐运司不仅是聊

在阳谷县运河边的阿城盐运司调研

城运河沿线仅存的古代漕运管理机构遗存，也是明清时期聊城运河经济繁荣的见证。

3. 盐商祭祀的盐宗是谁？

每个行业都有自己的崇拜神，盐商也不例外，有自己的盐神，分别是最早煮海盐的始祖夙沙氏、最早的盐商胶鬲和最早的盐官管仲。大运河遗产中有一处遗产就是盐商祭祀自己盐神的场所盐宗庙。在扬州，至今还有见证盐业兴旺历史的盐宗庙遗存。盐宗庙位于扬州市东南的康山街，同治年间由两淮众盐商捐建，是扬州盐商举行祭祖仪礼的场所。作为祠堂建筑，盐宗庙在布局上非常大气，前后三进房屋共有 280 多平方米。走进第三进正殿内，三位高大威仪的盐宗映入眼帘，这三位盐业始祖的雕像均采用汉白玉打造，神态栩

盐宗庙供奉的三位盐业祖师

栩如生，雕像两侧还布置了金色漆画，反映清代扬州盐务兴旺的历史盛况。据介绍，大殿里面最值得一看的是房梁上的彩绘，这种彩绘在南方地区已经不多见，而且原汁原味地保存了 100 多年。

2014 年盐宗庙随大运河成为世界遗产的一部分，如今成为对外展示运河盐文化的场所。来扬州，您可一定要到盐宗庙去看看，盐可是百味之首呀！

第五节
运河上的钞关、当铺、钱庄遗址

大运河的开通，将沿线城镇连为一体，带来了南北经济文化的全方位交流，改变了古代中国人“轻商”的观念，带来了实用主义的商业文化。物资的交换带来了运河地区商业的繁荣，形成了一个个商品集散地和商业城镇，催生了运河钞关及钱庄、当铺。

1. 运河钞关

钞关是明代征收内地关税的税关之一。宣德四年（1429 年），因商贩拒用正在贬值的大明宝钞，政府准许商人在商运中心地点用大明宝钞交纳商货税款，以疏通大明宝钞，并趁机征税。在这些地点设立征收商货税款的税关，因此得“钞关”之名。明清两朝设的钞关系中央设在地方的税务机构，民国年间裁撤。明代禁海，大运河是全国商品流通的主干，全国八大钞关有七个设在大运河沿线。设在运河沿线的七大钞关，从北至南依次为：崇文门（北京）、河西务（清代移往天津）、临清、淮安、扬州、浒墅（苏州城北）、北新（杭州）。万历年间运河七关商税共计 31 万余两，天启年间为 42 万余两，约占八大钞关税收总额的 90% 左右。

清初运河七关全部保留下来，并大体沿袭了明代的税额。其后随着沿海、沿江贸易的发展，清政府又在沿海和长江沿岸新设立了一批税关，清代中叶全国性税关已达 20 余个。

临清运河钞关位于会通河临清段西岸，是 15—19 世纪（明清时期）在大运河航线上设立的一个专门针对运河上来往的商用载货船只征收船税的机构，隶属于户部，户部在此设立户部分司管理收税事宜。

明代初期开始，临清是黄河以北运河沿岸南北货物的重要集散地。明代政府于明宣德四年（1429 年）在此设立向民用商船征税的机关。至明代万历年间，临清钞关年征收船料商税银八万余两，居全国八大钞关——崇文门、河西务、临清、淮安、扬州、浒墅关、北新关（杭州）、九江之首，占全国钞关课税额的四分之一。临清钞关见证了通过中国大运河进行的规模巨大的水路运输量与繁荣的贸易活动。

临清钞关遗址

临清钞关现存有仪门，南、北穿厅，公堂，巡拦房，船料房，官属舍房等 80 余间古建筑，占地面积约 0.7 公顷，是大运河沿线现存唯一的钞关遗址。

2. 运河第一钱庄在哪儿？

古代行商随身带着银两作为结算货币，随着生意越做越大，随身携带银两已很不方便，于是出现了为商人从事银钱兑换、存放款等业务的商业信用票号，即钱庄。当铺、钱庄、票号被称为金融三姐妹。在运河沿线也有众多的钱庄。

大运河畔的商业城镇南阳古镇就以钱庄出名。南阳古镇是微山湖上与古运河形成的一块孤岛，形成“岛在水中、河在岛上、镇在湖内”的独特景象。古运河从镇中间穿越，成为货物集散的重要商埠。南阳古镇兴旺昌盛达 600 余年，被称为明清时期运河四大名镇之一。

南阳现存的钱庄遗址为号称“运河第一钱庄”的胡记钱庄。胡记钱庄创建于清朝中期，是南阳古镇最早，也是现存唯一的钱庄建筑。它是由胡家典当生意发展而来，在运河上南来北往做生意的南北商贾也经常把贵重物品和多余银两存到胡记当铺。后来当铺慢慢地发展成钱庄，经营与票号相同的业务。由于胡家在大运河沿线的夏镇、济宁、徐州、镇江、扬州等地设立了 30 多家分号，所以称为“运河第一钱庄”。

南阳镇的清代钱庄

胡记钱庄为典型的四合院格局，由前厅、账房、银窖、银库、正房等几部分组成。墙上钱匾上写着“承诺守信”，还有四个大铜钱上分别写着“一本万利”“日进斗金”“汇通天下”“通财惠民”。目前钱庄整个院落保存完好。到山东微山县看运河，别忘了南阳岛上的运河钱庄，这里也是日进斗金所在哟。

南阳镇清代钱庄的匾额

3. 高邮同兴当铺是和珅的私产吗？

做生意在资金周转不灵时，有些商人会典当货物，获取周转资金，待有钱时再将货物赎回，这就产生了当铺。运河沿线因商业发达，当铺众多。在淮扬运河城市高邮的北门大街，就有一座建于清代早期的同兴当铺，相传为乾隆时的权臣和珅的私产。

根据《高邮州志（三续）》记载，乾隆年间高邮有当铺 6 家，同治年间增至 11 家。其中规模最大、最为出名的是同兴当铺。高

高邮同兴当铺

邮同兴当铺房屋坐北朝南，占地面积约3300平方米，建筑面积2700平方米。高邮当铺采用合院式布局，建筑为传统砖木结构，青砖墙体、小瓦屋面，硬山顶。高邮当铺外看像一座方形城堡，房屋四周是高大的风火墙，东西留有宽大的巷道将两边房屋隔开，整个楼房给人以森严神秘之感。风火墙、巡夜值班的更房、多口消防水井设施，构成了完整的防火防盗体系。当铺共有房屋80余间，另有水井5口，供防火之用。存厢楼又称首饰房，俗称走马楼，位于当铺的中心，是存放金银首饰和贵重物品的地方。前厅底层正中设大门，外有石库。

和珅倒台后，同兴当铺转为民当，并数易其主。清末民初马士杰成为当铺最大股东，后由何梓独家经营。民国十六年（1927年），当铺遭军阀孙传芳部抢劫而破产停业。后由宰姓“朝奉”等筹资复业。日军占领高邮时关闭。

2014年，在大运河申遗过程中，作为运河遗产的一部分，高邮当铺受到当地政府的重视，进行了整修，现作为当铺博物馆对外展出。同兴当铺为研究清代运河沿线的典当制度及民居建筑提供了实物资料。

高邮同兴当铺如今建成了运河当铺博物馆

第六节 运河会馆知多少

1. 大运河沿线会馆是怎么分布的？

作为古代中国最主要的商业线路之一，大运河沿线会馆的形成原因是河运发达带来的商业繁荣，商贸兴盛，商家云集，商事众多，同一地域或同一行业的商人需要一个载体来相聚议事、交易，在这种历史条件下，会馆应运而生。

大运河沿线会馆众多，时至今日，大运河著名的商业城市都有会馆遗存。北京有湖广会馆，天津有闽粤会馆，聊城有山陕会馆，开封有山陕甘会馆，淮安有润州会馆、江宁会馆，扬州有岭南会馆、四岸公所、湖南会馆、山陕会馆，苏州有全晋会馆、潮州会馆，杭州有绸业会馆，宁波有庆安会馆。

北京的会馆。北京最早的会馆是建于明永乐年间的北京芜湖会馆。明清两代北京会馆繁荣："各省争建会馆，省设一所、府设一所，甚至大县亦建一馆，大小凡四百余所。"据统计，到民国时期北京尚存会馆 402 所，目前大

北京湖广会馆

概有 250 个会馆遗存，其中运河沿线城市在北京的会馆有 80 多个。现存北京十大会馆遗存分别是安徽会馆、湖南会馆、湖广会馆、绍兴会馆、中山会馆、贵州会馆、阳平会馆、江州会馆、浏阳会馆、晋冀会馆。如今北京湖广会馆不仅成为德云社表演相声的场地，也成为中国文物学会会馆专委会的重要基地。

如今北京湖广会馆成为德云社表演相声的场地

天津的会馆。天津最早的会馆是闽粤会馆，后来出现山西等地商人公建的山西会馆，更多的是运河沿线城市商人按地域而建的河南会馆、安徽会馆、江苏会馆等。

扬州的会馆。历史上的扬州，因为大运河与长江在此交汇，盐商聚集，富甲天下，各地富商云集此地，建了不少商会和会馆，如岭南会馆、四岸公所、钱业会馆、盐务会馆等。这一座座铅华洗尽的百年老屋，见证了当年商旅如织、帆樯如林、车马如龙的景象。

淮安的会馆。明末清初，山西、陕西、安徽、江西、福建等省大批商人，纷纷来淮投足盐业，并逐渐定居淮安。到了乾嘉时期，为了联络乡谊，进行商业竞争，他们建立了很多会馆。润州会馆位于淮安城西东枚里街，清嘉庆年间镇江商贾出资兴建，现存青瓦砖房多间。

苏州的会馆。苏州现存十大会馆，分别是全晋会馆、嘉应会馆、潮州会馆、盛泽济东会馆、山塘冈州会馆、陕西会馆、汀州会馆、安徽会馆、显子巷安徽会馆分馆、常熟徽州会馆。

杭州的会馆。杭州的会馆比较独特，有很多行业会馆，如杭州钱业会馆、杭州丝绸会馆。

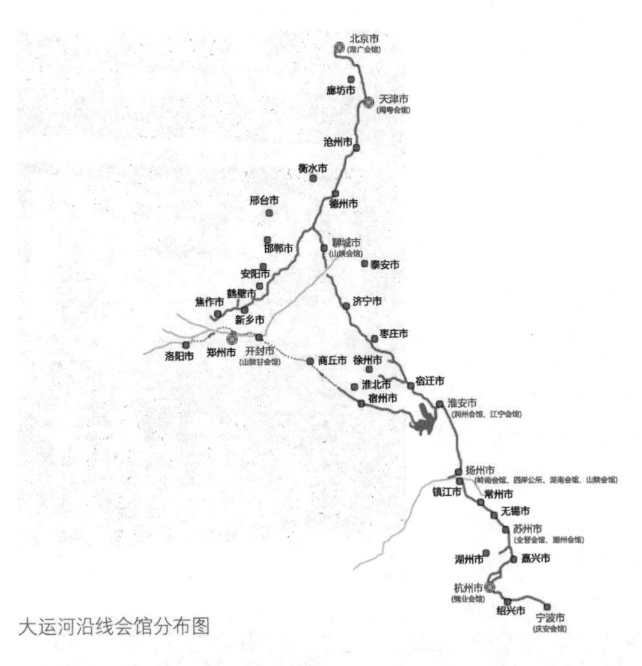

大运河沿线会馆分布图

苏州全晋会馆

2. 大运河上有哪些重要会馆？

运河文化和海洋文化的结合体：宁波庆安会馆

庆安会馆位于浙东运河沿线。既是会馆，同时又是祀神的庙宇，供奉航海保护神妈祖的妈祖庙。庆安会馆既反映了大运河沿线因运河而发展繁荣的贸易和工商业情况，代表了由于漕运维护修建的大运河的衍生影响；又反映了大运河与海上丝绸之路的关系，也是运河沿线文化传播与发展的见证。

宁波庆安会馆始建于清道光三十年至咸丰三年（1850—1853年），由甬埠行驶北洋的舶商组织修建。现保存完好，作为全国首家海事民俗博物馆对公众开放。会馆里的两座古戏台尤为引人注目。

近代中国史的见证：扬州岭南会馆

岭南会馆坐落于扬州市新仓巷4号至16号之间，是清代广东盐商们在扬州议事聚集的场所。岭南会馆建筑特色明显，是扬州规模

宁波庆安会馆内的戏台

扬州岭南会馆被改为民居客栈

最大、布局最完整的会馆建筑群。

岭南会馆坐北朝南，会馆原占地面积近5000平方米、屋宇近百间，现尚存老屋50余间，原组群布局由东、中、西三路住宅并列，中间夹两道深巷相隔相通，现存中、西两条轴线。

中轴线上，前有照壁，大门为砖雕牌坊门楼，入内有照厅、大厅、住宅楼。岭南会馆保存有“岭南会馆章程”等石刻、“岭南会馆界址”石额，具有很高的建筑艺术、历史价值。岭南会馆匾墙内的四组角花，堪称扬州遗存中的角花之最。2011年，岭南会馆按照建筑原有的形制、风格进行了全面维修，尽全力恢复岭南会馆昔日的风貌。

岭南会馆与清代一位名人魏源有关，魏源故居与它相距不远。道光年间魏源辞去两江总督幕中职务后回到扬州，常入岭南会馆走动，以期胸怀时事，目连天下，与龚自珍、林则徐、包世臣等一帮“经世”之士纵论于会馆，这一切，为《海国图志》这一巨著的完成打下了基础。

聊城山陕会馆：告诉你晋商为何这样富

聊城山陕会馆位于聊城城区的南部，始建于清乾隆八年（1743年），是山西、陕西的商人为“祀神明而联桑梓”集资兴建的。据说当时建了66年，共耗银9.2万多两。在全国现存的会馆中，聊城山陕会馆的建筑面积不算很大，但是其精妙绝伦的建筑雕刻和绘画艺术却是国内罕见。山陕会馆的戏台是最热闹的戏台，大大小小的戏班都来这里演出，每年春节、端午、中秋三节更要演戏娱神，让老百姓免费观看。

据介绍，建设会馆的过程本身就体现了晋商善于理财、严格管

聊城山陕会馆

理的特点。会馆里有 19 块碑碣，不仅记载了会馆置地、建设、重修所用的银两开支数目，而且在 8 块石碑的背面刻上了所有商号的捐款数目，相当于现在的一个“财务公开栏”。这些都反映了山陕商人的特点：精于管理，讲究信义，目光远大，既一掷千金，又朴诚勤俭。这也是晋商从明朝始迅速崛起的一个重要原因。

开封山陕甘会馆有“三绝”

开封山陕甘会馆是在明代中山王徐达后裔的府第旧址上兴建，以砖、石、木雕艺术的“三绝”享誉全国，是中原地区明清时期建筑艺术的代表作。

山陕甘会馆起初是山陕两省的富商为扩大经营，保护自身利益筹结的同乡会会址，后又加入甘肃籍商人，遂名“山陕甘会馆”。会馆为四合院式布局，面积达 3870 平方米，主体建筑置于中轴线上，由南向北依次为照壁、戏楼、牌楼、正殿，附属建筑位于东西两侧，包含有左右掖门、垂花门、钟楼、鼓楼、厢房、东西跨院等。

韩顺发所著的《山陕甘会馆的“三雕艺术”》介绍了山陕甘会馆的三绝：砖雕、木雕、石雕。会馆的照壁上分布着精致的砖雕，有

开封山陕甘会馆大殿前的牌楼

一组砖雕是一本打开、一本合拢的账本，寓意账户只进不出。山陕甘会馆的石雕装饰大多用于柱础、栏杆、抱鼓、壁芯、香案和墙基等处。会馆照壁里侧壁芯中央雕刻有一外为长方形、内为一椭圆形的高浮雕“二龙戏珠”，构图严谨丰满、华贵典雅。会馆之内的大殿和厢房檐下的桁、枋、雀替、挡板、垂柱等，几乎遍布木雕装饰。采取的雕刻手法有圆雕、半圆雕、高浮雕、浅浮雕、悬雕、透雕等多种技法。值得注目的是大殿檐下的龙形木雕，金龙口中所含的珠子与龙的舌头之间的距离仅有 1 毫米左右，却悬挂了 200 余年不曾脱落，足见工艺之精湛。

苏州全晋会馆成昆曲博物馆

全晋会馆位于苏州城内东部平江路中张家巷，是旅居苏州的山西商人所建的会馆建筑，也是苏州会馆、公所中保存最为完整的一处。全晋会馆始建于清乾隆三十年（1765 年）。光绪五年（1879 年），山西商人重建新馆。占地面积约 6000 平方米，坐北朝南，分为中、东、西三路。

苏州全晋会馆的戏台

会馆最初的作用是在苏州的外地人联络乡情和集会、议事的公共场所。18 世纪以后，会馆也逐步成为商人们存货、居住和议事的重要场所，并逐步演变为工商业行会组织，促进了不同地区间经济文化频繁交流。全晋会馆是 19 世纪大运河南北经济文化交流的实物见证。

全晋会馆原位于山塘街半塘桥畔，后在咸丰十年毁于兵燹。光绪五年至民国初，苏州的晋商在平江路中张家巷另建会馆。从重修会馆这件事上看，当时的晋商确实有着相当的实力。从光绪五年（1879 年）至民国初年（1912 年），这座全晋会馆陆陆续续修了三十多年，才有了今天的规模。

1982 年苏州市文物部门启动了对中路、西路建筑全面大修，并移建正殿，重建庭园，复原了当年山西富丽堂皇与苏州精雕细镂建筑风格相融合的会馆旧观。1986 年 10 月，全晋会馆辟为苏州戏曲博物馆并对外开放。2003 年 11 月，中国昆曲博物馆在此挂牌。2023 年，整修后的苏州全晋会馆与游客见面，来苏州，一定要来全晋会馆听听昆曲。

第七节
运河上保存最完整的驿站

作为漕运的遗存，还有一种形态就是驿站，现今中国大运河上保存完好的驿站只有一座，就是高邮的盂城驿。

明代迁都北京后，作为陪都的南京和北京之间交通往来十分频繁。因此在北京和南京之间沿大运河建了46座水陆驿站，每隔六十华里左右建一座驿站，供传递官府文书和军事情报的人或来往官员途中食宿、换马的场所，也用于短途的漕运。高邮盂城驿是明代北京、南京之间的重要驿站，位于高邮南门大街馆驿巷13号，占地面积约16000平方米，房屋整体坐北朝南，整体格局保存较好。据记载，驿站鼎盛时期厅房100多间：正厅、后厅各5间，库房3间，廊房14间，马房20间，前鼓楼3间，照壁楼1座，驿丞宅1所；驿马65匹，驿船18条；马夫、水夫200多人。

高邮是全国唯一一个以邮驿命名的城市，秦王嬴政于公元前223年在此筑高台、置邮亭，故名高邮，又称为秦邮。盂城驿是目前大运河沿线保存较好、规模较大的古代驿站遗存，驿站位于高邮南门大街历史地段范围内。高邮南门大街现存肌理清晰的街巷体系及业态丰富的老字号，又有水陆并行的对外交通，汇聚了运河市镇典型的街巷空间要素。

盂城驿开设于明洪武八年（1375年），后不断加建，逐步形成了明清时期大运河沿线规模最大的古代驿站。

盂城驿现存部分保存完好，门厅、三间西耳房、后厅五间基本完好，正厅柱础完好，现作为邮驿博物馆对外开放。洪武八年（1375年），在高邮城南门外建盂城驿，永乐年间，知州王俊重修。

孟城驿驻节堂

南门城外的皇华厅，先后由康熙五十七年知州张德盛重修；嘉庆十四年，知州冯馨将现身加高四尺后，重建并添建差房三间；道光二十年知州朱荣桂重建，州署专派一名吏目负责，驿舍迁入城内州正堂西偏北行三十步的州署马厂（今马棚巷处），用马神堂三间、东西马棚各十二间改建而成。

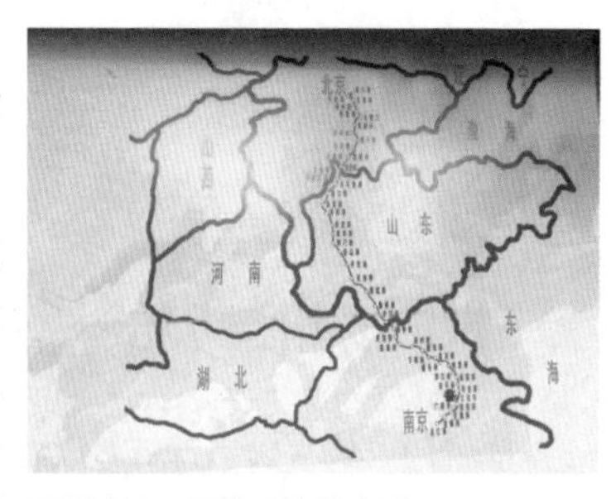

明代大运河沿线驿站分布图

新中国成立后，孟城驿用作居民住宅，1985 年孟城驿在文物普查中发现，1993 年高邮市人民政府主持修缮，修复了驿站的主体建筑，与南门古街组成了古朴的明清民居建筑群。修复后的孟城驿现已辟为邮驿博物馆。到这里打卡，既能了解中国邮驿史，也可以了解中国邮政史。

孟城驿

第八节
运河上的盐商大宅

在大运河世界遗产中，还有一类是盐商住宅，它们的代表是扬州卢氏盐商住宅和汪鲁门盐商住宅。这些盐商住宅见证了大运河时代的商业繁荣，记载了运河盐业的经济兴衰、世俗民风、时事春秋，其沧桑旧事刻录着一段历史，是研究大运河盐商文化的重要实物依据。

1. 扬州最大的盐商住宅——汪鲁门宅

汪鲁门宅位于扬州古运河边，始建于清光绪年间（1875—1908年），是江南典型的盐商大宅，建筑面积1700余平方米，布局规整严谨，体量宏大，用料考究，装修精致。是扬州现存面积最大的盐商住宅。

汪鲁门宅原房主是刘赓唐，民国八年，盐商汪泳沂（字鲁门）以白银5500两和大洋9750块从刘氏手中购得。汪鲁门是安徽歙县人，后捐职南河同知。由于处理漕河政务得力，深得历任漕运总督器重，曾在山阳县衙任职。他与其他人协作，呈请盐署于淮北苇荡左营地方，开铺盐圩二十一条，创建同德昌制盐公司，后改名为大德制盐公司，又主营扬州七大盐业公司。

汪鲁门宅现存老屋面阔三间，在同一中轴线上，前后九进，分别为门楼、大厅、二厅、住宅楼等，总长115米，是扬州最大的盐商住

汪鲁门住宅的楠木厅

宅。楠木大厅保存完好，在扬州盐商住宅中独一无二。大运河申遗过程中，扬州市遗产保护部门组织对汪鲁门宅进行了维修，对本体部分进行了原状修复，对一些损伤的木构件进行了修补，损坏的地面重新铺设，并对过去修复时不规范的门窗形制进行了纠偏。同时恢复了东侧火巷，重建了花园，拆除了南侧部分违章建筑，打通了汪宅与大运河的物理联系。大运河申遗成功后，汪鲁门宅被用作扬州大运河盐文化展示馆。这里面特别展出了京剧徽班进京的过程，参观后您一定能了解京剧的前世今生。

2. 卢绍绪盐商住宅有个“百宴厅”

卢绍绪盐商住宅坐落在扬州老城区康山街 22 号，始建于清光绪二十三年（1897 年），是大运河扬州段现存规模最大的盐商建筑之一，也是大运河沿线晚清盐商大型住宅的代表。前后共有九进建筑，

汪鲁门盐商住宅

卢氏盐商住宅

200多处房间，占地约5000平方米，主要建筑及园林有正厅、藏书楼、意园等。其中有个可供100人同时就餐的楠木大厅，叫庆云堂，又被扬州老百姓称为百宴厅。前些年，扬州市民日时，扬州市文明办曾请了100位百岁老人在这个百宴厅就餐。

卢氏盐商住宅临街朝南的大门气派而考究，门楣上的砖雕异常精美，虽经沧桑岁月，但仍可辨出砖雕上神态各异的人物活泼灵动，栩栩如生。置身老宅，淮海厅、兰馨厅、涵碧厅、怡情楼，厅厅相连，厅堂阔大，可设宴百席，气派非凡。漫步宅内，从第一进到第四进，天井两侧分布着小型花园，假山、花草、布局风格各异，构思精巧。深入后院，后花园意园里盝顶六角亭、石船舫、水池等相映成趣。意园后面的卢家藏书楼如今改造成了城市书房，市民们可以在盐商老宅里看书，真是一种享受呀，您肯定会羡慕不已。

卢宅前后进深达百余米，建筑面积6100多平方米，是反映扬州盐文化的重要古迹。从外表看古宅青砖黛瓦与一般住宅无异，但置

淮扬菜博物馆卢氏庆云堂——“百宴厅”

身其中，一种“藏富不露”的恢宏之气扑面而来。卢宅以绵延的建筑群落、精美的建筑风格成为诸多盐商住宅珍珠中最耀眼的一颗。

2006 年，卢宅修缮完毕，不但古建筑获得了新生，往日盐商的富庶景象也得以重现。2023 年，扬州有关部门在卢宅设置了扬州淮扬菜博物馆，对外开放。在博物馆的后面，还专门建了一个研学基地，供全国各地的学子们研学。来扬州，您可以住到卢宅来，边研学，边品尝淮扬菜。

洪泽湖水上集市　高邮湖石工头　绍兴大禹陵

扬州七河八岛龙舟赛

道口古镇　窑湾古镇

德州四女寺镇孝女祠　绍兴曹娥村　通州龙灯会

绍兴曹娥庙　滑县大王庙　扬州露筋娘娘庙

扬州邗沟大王

扬州邵伯镇水铁牛　济宁南旺分水龙王庙

泰安禹王庙　北京白浮泉都龙王庙　宿迁龙王庙

淮安清江船厂遗址　临清贡砖厂　苏州金砖博物馆　苏州桃花坞

无锡惠山泥人制作点　天津杨柳青年画博物馆

天津泥人张店　扬州漆器厂

中国苏绣艺术博物馆　沧州大运河非物质文化遗产展示馆

扬州富春茶社　高邮耿庙石柱　北京通州运河号子表演

杭州大排面店　扬州炒饭示范店

开封第一楼饭店　无锡小笼包子店

天津狗不理饭店

德州扒鸡店　道口烧鸡店　符离集烧鸡店

第四章

沿线人民的母亲河

大运河通过对沿线风俗传统、生活方式的塑造，与运河沿线广大地区的人民产生了深刻的情感关联，成为沿线人民共同认可的“母亲河”。大运河的修建把若干小的、割据的自然环境贯通成为一个体系，并转化成一个大的、具有共性的人文环境，在便利交通运输、繁荣两岸商业的同时，也孕育了运河两岸特有的民情风俗，深刻影响着沿线人民的生活方式。世代劳作、生息在运河边的百姓人家，随着运河的交流功能，生活习俗相互影响，留下了运河印记，带有鲜明的运河色彩。生活在大运河两岸的人们，一方面享受着运河舟楫、水产等恩惠；另一方面也承受着运河暴虐、泛滥的种种苦难。因此，运河沿岸的人们对与自己生存息息相关的运河，产生了敬畏崇拜之情，产生了水神崇拜，以及与大运河密切相关的民间信仰。为了向河神祈福消灾、趋利避害，便有了对河神的种种祭祀活动。本章通过对运河边人们生活场景的描述，讲述运河边人们的生活习俗、风土人情、非遗技艺，引起全社会对大运河沿线民生的关注，推动运河非遗的传承。

第一节
运河船民风俗故事

人们常说“十里不同风，百里不同俗”，但大运河的沟通交流作用将不同地区的人联系在一起，在长时间相处的过程中，各地的风俗经过相互交流影响，形成了一批极具特色的运河民俗。大运河上的船民作为一个特殊的群体，养成了独特的生活习俗和生产习俗，形成自己的语言习惯和禁忌，行船时还有特殊的禁忌，形成了运河船民文化。

1. 运河船民生活习俗有哪些？

常年生活在水上的人称为船民，船民也分三六九等，那些船上装备着几道桅杆的豪华大船上的人，专门从事长途贩运，做的是大生意，是船民中的富裕阶层。还有一些驾着小木船拖家带口常年漂泊在水上做小本营生的船民，是船民中的底层，过去在运河河边上随处可见这些从苏北过来的棚子船。一般船长约七八米，宽约两米，深不足一米。分船头、船艄和中舱三个舱，其中船头部分还有一个隔舱叫“方头”，也叫桅舱，是竖桅杆的地方。中舱与船艄之间有一块宽约 30 厘米的横板，叫面梁。烧饭的锅腔都是安放在船艄，那块横板就是一家人的餐桌。船艄的棚子上有一块活动的天窗，因为烧煮食物时需要出烟。还有一边的板壁也是活动的，那是为方便淘米

运河船民

运河中捕鱼文化展示

洗菜，同时又是一家人的厕所，只要将屁股从船帮上撅出去就可以为所欲为了。当然那是过去，现在的船上都有厕所了。过去船舱是用来装货或摆放杂物的，舱口铺着木板，木板上面那十多平方米的地方就是一家人的活动空间。晚上作为卧室，白天将被褥折叠起来，便成了孩子们的活动场地。如果有客人上船串门，还兼作客厅。

2. 船民婚嫁习俗是什么?

船民在船上生活有些特殊的习俗。

船上闭塞的生活环境，使得船民的婚嫁大多在内部进行，久而久之便形成了独特的婚嫁习俗。船民在船上结婚的程序大致和岸上相同。若是娶亲，则先要提亲，订下来后要见面、下通书、下小启、下大启，下启时女方还要回启。接着开生辰，定日子准备成亲。船楼子就是新房，贴上双喜、对联。上联写“九曲三弯随船转”，下联为“五湖四海任舟行”，横批“百年好合”。在船头搭上喜棚，成亲时要一拜大王，二拜父母，三夫妻对拜，四入洞房。比较富裕的船民结婚时，会在岸上临时搭上棚子，摆酒席庆贺，多数船民结婚，喜宴也在船上进行，几条大船拴在一起，这样既牢固又宽敞。大家盘腿围坐，热闹一番，就算结婚了。

当然船民们还有一些特殊的婚嫁习俗，看看您家乡还有没有这些习俗。

三界合同书：也称媒人帖子，是订婚手续中的凭证。是由提亲的媒人两头说合，在双方家长认可并征求子女意见的基础上，请媒人和水童子（坛头）等根据婚配男女的生辰，用干支五行推算阴阳八字，相配者请人写好大红喜帖，由四大媒人传换庚帖。

四水礼：是船民对聘礼的称谓，主要是首饰、衣服、食品三大类。首饰多是金、银、铜、玉器之类，服装中必备红棉袄、红鞋、红裤，由男家择吉日请四大媒人用彩船送到女家，叫“装新衣”。食品类，有“双刀肉”两块，前腿七斤，后腿八斤，配上猪心，名曰“连心肉”。鲜活鲤鱼（又称龙鱼）一对，活公鸡两只，象征龙凤呈祥。高粱曲酒四坛（瓶），粉丝四斤，挂面四斤，以示情深意长。各种糕果十二包，每包四两，其中要有红枣、莲子（或栗子），预祝喜结连理，早得贵子，步步高升。

船家娶亲，结婚时要坐轿船，相当于迎亲花轿。新郎要接新娘过船，又称过喜船，就是接新娘。然后要开喜舱，将新娘迎入喜舱。轿船又叫船轿，和陆地上的迎新花轿相似，只是将轿子固定在船上，但没有底座和轿杆。做轿船一般选用小篷船或小划子，将轿身的四柱安插在篷架眼中，轿身依船体而定，一般比陆地上的轿子大一些。当地把接新娘叫过喜船。迎新娘之前，男家的喜船（即喜房）和轿船都要按照祖上立下的规矩早早停泊在女家船的上水头。轿船拂晓前就要到女家梳妆船旁边，女家放鞭炮请新郎上新娘子船。新郎上到新娘子家的船后，要坐在女家事先准备好的放在船头的红花被上。新娘梳洗更衣后，头上蒙上一幅边长一尺六寸的方布头红，到船头与新郎对面坐下。两人互相用衣襟盖在对方腿上，叫“结连理”。全福人（指父母健在，有丈夫，儿女双全的妇女）端上两碗挂面，两人对坐同吃，表示长命百岁、白头偕老。船民迎亲时辰观念很强，必须在卯时（凌晨5点到7点）将新娘迎回，太阳出来时过船进喜房。待完成诸多仪式后，新郎还要随新娘回船到岳父母家探亲，相当于新娘子回门。新婚夫妇探望爹娘及没有散席的

今天运河沿线婚礼中仍可见水乡的特色

水上迎新船

亲友，在娘家吃顿早中饭，随后要立即往自己家赶。回到家的时间一定要在中午时分。

3. 船民语言上有哪些禁忌？

新中国成立以前，船民行船时有特殊的语言禁忌。乘客和送行者忌讲“翻身”“搁置”“死”等不吉利的话。淮安一带人们乘船出行前，如出门时遇见死人或老鸦叫都认为是不祥之兆。听到喜鹊叫则是吉兆。在无锡、常州等地，行船的人讲东西翻身只能叫涨身。在桌上吃饭，盛饭叫“装饭”，碗不准扣在桌上，吃鱼只吃半边，忌将鱼翻转。大概是避讳沉、翻、扣等字眼。吃鱼要先吃头，以示“一头顺风”。船上的餐具也各有特殊的称呼：筷子叫“撑篙”，羹匙叫“掏子”，菜盘叫“羹搭”，饭锅叫“锅子”。行船遇到浮尸，则称“元宝”，不能称“死尸”。绍兴有哑子船的习惯，当船过桥洞时，船工不得出声，以免冒犯桥神，俗称摇“哑子船”。扬州对船主不称老板，而称“老大”。由于“老板”与“捞板”谐音，人们称打捞船体碎片的行为为“捞板”。

吴语地区的船民，在船上不能讲“碰石岩”“碰滩（汰）横”等不吉利的话，遇到不吉利的谐音、方言都用改称，如“猪”谐音“输”（赌钱要输），“石”“舌”谐音“蚀”（经营要亏），“鸡”谐音“欠”（收入不丰），因此猪、石、舌、鸡等字都要避讳。猪头改称“利市”，猪耳叫“顺风”；石浦叫“赚浦”，舌头叫“赚头”，食罩称“赚罩”；鸡骨礁念“鸭骨礁”，鸡娘礁叫“老鸭礁”。

手工制作的龙舟模型

第二节
运河沿线商贸民俗

运河两岸是商品经济最发达的地区，沿线的集市贸易十分繁荣，而人们逛庙会、赶集市都有不同的风俗。

1. 庙会

又称赶庙会、赶会。原是祭奠寺庙神佛而举行的集会，地址一般设在寺庙所在地附近，会间往往要唱大戏，供民众娱乐。后来逐渐有商人加入，便形成了祭神、游乐、贸易三合一的形式。运河两岸各地都有不同的庙会，多的一年有数十场，少的也有五六场。像运河北端的直隶通州，一年中有里二泗娘娘庙会、北坝菩萨主庙会、东岳庙会等多次庙会。而运河南部的扬州在清代有数以百计的都天庙，每年5月都要为都天迎会，人们抬着都天塑像在大街小巷游行，随之产生了各种民间娱乐、商业活动。在河南滑县的道口古镇还有一个火神庙会，每年的农历正月二十七、二十八、二十九三天，这里都要举办“火神庙会”。道口庙会是古老的运河传统民俗及民间宗教文化活动，如今，当地政府恢复了传统庙会，并且与商贸活动相结合，引得周边县市的人们争相涌来，推动了道口古镇的旅游业发展和市场消费。

庙会

2. 夜猫子集

古代因商品贸易还没有达到每天交易的程度，运河沿线的集市有约定俗成的日期，或单日，或双日，或逢五，或逢十。这天又叫逢集，一般大集全天，小集半天，到午即散。一般集市上分行设市、行，各市、行都有固定的集中营业区域，如粮食市、草（柴）市、骡马市、蔬菜水果市、鱼市、鸡蛋市、破烂市、木器市、铁器市、缸瓦市、杂货市等。在便于管理的同时，也方便赶集的人们选购。

也有早市、夜市。中运河畔的窑湾古镇则有一种凌晨开市，天亮即散的鬼集，叫"窑湾夜猫子集"。因地处大运河与骆马湖的交汇处，窑湾古镇曾有"小上海"之誉，它形成的基础是京杭大运河。历史上，南来北往的货船往往会在窑湾停泊一夜。窑湾口以南运河河宽水深，可行驶载重量较大的商、货、漕船，窑湾口以北运河和

窑湾古镇，运河“鬼市”就在这里

沂河河窄水浅，只能行驶相对较小的船只。无论是南方的舶来品还是当地产品，均需在窑湾停靠接驳、装卸、转载，于是窑湾口就成为苏北鲁南地区最大的水旱码头。而在清晨开船前，船工们需要准备好下一段航程的货物和补给。因此，每天三更半夜，四面八方的小商小贩和镇里居民不约而同地来到窑湾街市，做起小买卖小生意。久而久之，便形成了一个独特的市场：店铺半夜开门，灯下营业。天一亮，人群散去，这里复归平静。“夜猫子集”属于窑湾古镇至今仍然保留的传统早市，赶集的人极像昼伏夜出的猫头鹰，因此人们把这种在夜间交易的集市称作“夜猫子集”。当地有民谣这样描述：“梆打三更满街灯，恭候宾客脚步声。四更五更买卖盛，十里能闻市潮声。”时至今日，窑湾古镇还保留着这个“半夜开张，天明罢市”的特色集市，称为“鬼市”，成为吸引各方游客的一个独特品牌。

第三节
运河特色风俗

1. 德州四女寺来自于孝文化

运河沿线的德州有个四女寺村，这里有孝文化的故事。相传汉景帝年间（公元前157—公元前141年），当时四女寺村称安乐镇。镇上有一傅姓夫妇，生了四个女儿，个个孝敬父母。四人约定各自在大门口栽了一棵槐树，谁栽的树长得好就留在家里照顾父母。谁知数月后，四棵槐树全都枝繁叶茂，亭亭玉立。大姐不忍心贻误妹妹青春，便偷偷地用热水浇三人的槐树。不料这一举动，被三个妹发觉了，于是都暗暗地效仿大姐，用热水浇别人的槐树。这样过了一段时间，槐树不但没死，反而更加茁壮。四姐妹疑心是天意昭示，越发坚定了留家侍亲的决心。

光阴如梭，四女二十年如一日奉亲至孝，傅氏夫妇虽年近古稀，仍目明耳聪，那四棵槐树也日见粗壮、郁葱成荫。四女又在庭院里建一梵宫，朝夕焚香，日夜诵经，祈祷双亲平安长寿。传说后来傅家积德行善感动神灵修道成仙，过往行人客商争相一睹傅家遗迹。天久日长，竟使得安乐镇店铺林立，商贾云集，买卖兴隆，富足一方。后人念及四女施恩故里，就把安乐镇改为四女树。因后人建寺塑像，改村名为四女寺，并立碑铭记。当然，四女不嫁的做法不一定值得提倡，但她们的孝心还

德州四女祠

是值得肯定的。其实，这样的孝女村在浙东运河边还有一座，那就是孝女曹娥生活过的曹娥村。

2. 通州运河龙灯会为什么舞的是蓝色的龙？

逢年过节，通州运河龙灯会就会舞起蓝色的龙，这是当地一种特有的民间祈福方式，其源头可追溯到道光年间。过去一般在年、节、庆典、祭祀或灾年时，运河龙灯都要起会。春节的正月初二至十五为节日欢庆起会，主要为烘托节日气氛；二月二龙抬头、三月三娘娘庙会为祭祀起会，祈求赐福百姓、风调雨顺、五谷丰登；如遇旱、涝、病虫等灾害更要起会，祈求减少灾害、拯救生灵。

无独有偶，我们在大运河的原点城市扬州也发现了舞蓝色的龙。其他地区的龙以红色为主，而通州和扬州运河边所舞的蛟龙为什么是蓝色的？据通州人介绍，蓝色龙在北京地区极少见，蓝色代表“水”，带有鲜明的运河文化特色。目前只有通州、扬州舞蓝色龙，也说明了运河之水沟通南北文化的功能。蓝色双龙，通常男女各舞一条，龙皮用白布缝制，用蓝色染料描画出龙身和龙尾，用细麻制作龙须，龙骨架分别用白松木条和竹篾制作。舞动起来时，两条方头蓝身金鳞的巨龙，做着双

通州龙灯会系列照片

跳龙把、串花篱笆、龙翻身、二龙绞、闹江舟、龙盘窝等一个个颇有难度的套路动作，或如腾云驾雾，或如翻腾水中，奔腾舞动，神武飞扬，展现了独具一格的风采。两条蛟龙的舞动，表达了大运河畔的人们祈求“走大运”的美好期望。

3. 运河开漕节祭拜谁？

通州运河开漕节始于明代，源于祭坝和祭祀吴仲等人。每年农历三月初一（清明节前后），开河后第一帮粮船到达通州后，即择日举行春祭。这就是开漕节。

开漕节又是庆祝首批漕粮至通州的日子，每临开漕节，中央掌漕官员和通州地方官吏、各省在通工商会馆官员、民众等数万人齐集通州城

通州漕运博物馆前的石雕

东运河西岸，共庆首批粮帮运船到达。祭坝有春祭、秋祭之分，春祭又有公祭、民祭之别。公祭由官方主持，各方头面人参加，是正式的祭祀活动，仪式隆重而简约。祭祀活动在通惠河东端葫芦头东岸石坝举行。气氛热烈，场面盛大。

这天清晨，仓场总督率坐粮厅官员及其所属军、白粮经纪和掌管石坝的州判、掌管土坝的州同，各按身份穿着官服或礼服齐集石坝东，按等级列队，每人高举三炷香，向事前请置于石坝几案上的吴仲、何栋、尹嗣忠、陈瑄等四人木神主鞠躬礼拜。

公祭后开始民祭，民祭由商民组织。据郑建山所著的《说说通州民俗那些事儿》一书介绍，民祭中，有各类文艺表演，有舞狮表演，还有“双石会”表演，与此同时，坝下有“大头和尚度柳翠”表演。接着是身着明代服饰的巡坝戏登场，官员纱帽圆领，随从青衣小帽，再现当年吴仲治理通惠河的情景。巡坝表演后就进入民间文艺表演，有莲花落、太平调、打花银、地秧歌、小车会、跑驴、高跷会等表演，还有各种武术表演[①]。祭坝后，官员们集中在石坝衙门公宴，经纪人等去城内饭馆酒楼聚餐，老百姓则去里河沿吃刚出摊的烧饼，喝鲫鱼汤，或去北门口吃小吃。每年祭坝后开始验收转运漕粮，所以被称为开漕节。开漕节过后，漕船、商船就可穿梭于大运河沿线。

4. 运河龙舟赛

龙舟赛是一种古老的中国民俗活动，主要盛行于吴、越、楚一带。据传战国时楚国大夫屈原含恨投江自杀，有许多人划船追赶拯救，他们争先恐后，追至岳阳洞庭湖时不见踪迹，以后每年五月五日划龙舟以纪念他。吴越地区则传闻龙舟赛起源于纪念伍子胥。

① 通州区文化委员会 . 大运河文化带通州故事丛书 [M]. 北京：北京联合出版公司，2018.

据专家考证，龙舟赛最早是江浙地区吴越民族祭水神或龙神的一种祭祀活动，其起源有可能始于原始社会末期。早在 7000 年前，河姆渡地区的远古先民已用独木刳成木舟，并加上木桨划舟。我国古代南方水网地区人们常以舟代步，人们在捕捉鱼虾的劳作中，比赛渔获的多寡，休闲时又相约划船竞速，寓娱乐于劳动、生产中，这是古代竞渡的雏形。

在古代典籍有关龙舟起源的记载，最早出现在东汉。汉代赵晔《吴越春秋》也认为，龙舟的起源“起于勾践，盖悯子胥之忠作”。至今专家公认的中国最早的“龙舟竞渡”的图形，发现于浙江省宁波市鄞州区云龙镇甲村。因此赛龙舟是起源于运河地区，也一直在运河沿线流行。

赛龙舟多是在喜庆节日举行，是多人集体划桨竞赛。龙船一般狭长、细窄，船头饰龙头，船尾饰龙尾。龙头的颜色有红、黑、灰等，均与龙灯之头相似，姿态不一。一般以木雕成，加以彩绘（也有用纸扎、纱扎的）。龙尾多用整木雕，上刻鳞甲。除龙头龙尾外，龙舟上还有锣鼓、旗帜或船体绘画等装饰。龙舟竞渡前，先要请龙、祭神，安上龙头、龙尾，再准备竞渡。运河沿线这种风俗沿袭下来，至今运河各地还经常举办龙舟竞渡活动，龙舟赛不但是文化活动，而且被列入现代体育竞技项目。而且赛龙舟楫也表达了人们走大运、行好运的祈求。

现代龙舟赛

第四节 大运河水神崇拜的故事

大运河是借水行船的，千百年来，由于对水的神秘性的恐惧，逐水而行的运河船民和枕水而居的沿岸居民形成了与水相关的水神信仰，这些运河水神大多数是从治水英雄和道德模范转化而来，妈祖信俗、天妃信仰、曹娥女、露筋女、金龙四大王等在运河沿线留下了许多动人的传说和历史遗迹，并通过运河这一广阔的平台进行传播和发展。

1. 运河水神有哪些？

曾在大运河上接受沿岸百姓和水上人家祭祀的运河水神信仰主要有三个来源。

（1）治水名人演变

治水名人最早的要上溯到神话时代的共工和大禹。大禹总结了父亲鲧治水未成的教训，采用开山辟谷疏导洪水的方法，建立起了疏川导滞的河网和初期的农田排灌工程体系，奠定了四百年夏朝的基础。后人将大禹奉为

绍兴大禹陵供奉的大禹神像

水神。在浙东运河沿岸的绍兴会稽山建有大禹陵纪念这位治水英雄。

在会通河畔的山东省泰安市宁阳县堽城坝附近至今还有纪念大禹的禹王庙。而春秋时期开凿大运河最早一段古邗沟的吴王夫差和汉代开凿运盐河的吴王刘濞，则被扬州人民奉为运河水神，历代以来受到扬州人民的祭祀。如今，在扬州城北侧的古运河畔仍建有邗沟大王庙，供奉着两位大王。而在永济渠（卫河）畔的河南省滑县道口古镇的大王庙则供奉了战国李冰、明代黄守才和张居正、清代朱之锡等四位治水人物和南宋谢绪演变的五位水神。山东济宁南旺分水龙王庙则是为了纪念明代修建南旺枢纽的治水官员宋礼和民间治水能人白英而建的。

（2）道德典范演变

运河沿线供奉最多的金龙四大王谢绪即是道德典范演变而来。谢绪是南宋灭亡时期自杀殉国的杭州人士，之后演化为“金龙四大王”。“金龙四大王”信仰最初兴起于民间，后来逐渐由民间护佑漕运的水神上升为国家祭祀的黄河和运河之神。淮扬运河沿线的露筋女也是道德典范化身的水神。传说露筋女生于唐代末年，一年夏天，她与嫂嫂二人步行沿运河去高邮，行至露筋，电闪雷鸣，大雨滂沱。就在两人四处寻找避雨处时，只见河堤旁有一茅草棚，嫂嫂就上前要求借宿，里面的单身男子，特地将自己的床腾出来，自己用一张芦席睡在地上。姑娘恪守“男女授受不亲”的古训，坚决不肯进屋投宿。嫂嫂也劝她不过，只好由她去了。姑娘疲惫不堪地独自睡在门外，身上嘬叮着黑压压的大片麻蚊。东方既白，嫂嫂开门一看，姑子耷拉着脑袋，停止了呼吸，身上的每一根筋都像一条条蚯蚓般地暴起。后来，当地人为颂扬她的贞节，在她死去的地方兴建了露筋祠，称她为露筋女，并立碑刻石，以昭后人。今天看来，这种做法未必可取，但在当时的历史条件下受到人们的称赞。后人将露筋女作为运河女神供奉，凝聚着渔民们祈求平安的心愿。

（3）宗教信仰或人物演变

在淮扬运河沿线就有从道教演变而来的“九牛二虎一只鸡”镇水神兽信仰。传说道教始祖老子炼丹得道后，骑一头青牛升天而去。在人间留下九头牛、二只虎和一只鸡，保护着山林湖泊不再遭灾。明代就有刘伯温设“九牛二虎一只鸡”镇洪水的传说。根据这些传说，1701年，为镇住洪水，康熙皇帝命人用生铁铸造了“九牛二虎一只鸡”，将它们分别放置在高良涧、高堰坝、清江浦、马棚湾、邵伯更楼等淮扬运河的险要河段上。虎，不是老虎，也不是壁虎，实际上是龙生九子中的趴蝮，据说这种动物专门治水，鸡则是为了打鸣，提醒着牛与虎时刻防范洪水，不要睡着。有人说，这“九牛二虎一只鸡”的组合，也表明了康熙皇帝要使出“九牛二虎”之力消除运河水患的决心。300多年来，运河沿线的镇水铁牛成为老百姓祈求平安，避免洪水侵扰的崇拜偶像，有的老百姓还让孩子认铁牛为干妈，有点小病小灾、孩子考学都要去拜铁牛干妈，据说拜了铁牛干妈就会行好运。

露筋娘娘庙

淮扬运河边邵伯镇的镇水铁牛

古时候，台儿庄运河上的船民称保护神“金龙四大王”，又称“大王老爷”。其实“金龙四大王”就是宿迁龙王庙中供奉的运河河神谢绪。因为金龙四大王主管河道，船民每月初一、十五便在从桅杆往前的船头部分摆供敬祭，以供心神相通。船民祭祀金龙四大王传统仪式可以用“船头浇酒祀神龙，手掷金钱撒水中”来概括。供品是整鸡，整猪（一般用一个猪头、四个猪蹄、一个猪尾巴代替），一条大鲤鱼，水果、点心若干，白酒、黄表纸、香烛备齐。在进行跪拜仪式时，要先将红公鸡在船头杀死，让鸡血沿船头一直流到河水中。流在船头的鸡血不许清洗，可以消灾辟邪；然后上香，磕头，烧黄表纸，用酒围着黄表纸画上一个圆圈，再把点心、水果掰下少许扔到燃烧的黄表纸中，这叫作破供；最后祷告、许愿，祝福自己和家人在以后生产生活中走大运、行好运。

2. 大运河沿线有哪些水神崇拜遗迹?

大运河水神信仰在运河沿线广泛传播，进而产生了诸多供奉水神的大王庙、龙王庙和天妃（妈祖）庙等，今天，这些水神信仰遗迹，成为大运河经由漕运活动对沿线区域社会文化产生影响的重要实物见证。

宿迁龙王庙。宿迁龙王庙位于大运河中河宿迁段皂河镇附近的运河南岸，原名为“敕建安澜龙王庙”。龙王庙行宫始建于17世纪末（清康熙年间），雍正五年（1727年）和嘉庆十八年（1813年）两次重修，形成了现在占地36亩，周围红墙，三院九进封闭式合院的北方宫式建筑群。自清代以来，每年的农历正月初八、初九、初十这三天，为皂河安澜龙王庙庙会之日。届时众多善男信女，前来烧香拜佛，祈福求祥。附近山东、河南、安徽几省的坐贾行商、民间艺人也纷至沓来，云集皂河。因正月初九为庙会“正日子”，故当地又习惯称之为“初九会”。这种习俗反映了当地百姓祈求水神保佑

宿迁龙王庙的龙王殿

家人和村民走好运的心情，见证了运河水神信仰和中国古代国家对漕运的持续重视，具有极高的历史、科学和艺术价值。

天津天妃宫。始建于元代延祐年间（1314—1320 年）的直沽天妃宫（东庙），是海上漕运进入鼎盛时期的产物。该庙建成后于泰定三年（1326 年）改为天妃宫。至正十一年（1351 年）第二次重建天后宫，明万历六年（1578 年）又重修圣像殿宇。光绪二十六年（1900 年），天妃宫被战火烧毁。直沽天妃宫不仅是元代海上漕运进入鼎盛时期的产物，也是北运河漕运遗迹的重要补充和完善。在历史上，凡是由直沽海口经海河进入北运河的海运漕粮，都经过直沽天妃宫。在此祭祀妈祖，既标志海漕的终结，又标志河漕的开始。因此，妈祖这一海上之神变成了运河河神，这也充分展现了大运河的文化沟通交流功能。

上虞曹娥庙。曹娥庙又叫灵孝庙、孝女庙，是为彰扬东汉上虞孝女曹娥而建的一处纪念性建筑。相传曹娥的父亲曹盱在五月五日迎伍神（伍子胥）的祭祀活动中溺于舜江（今曹娥江）中，数日不见尸体，当时孝女曹娥年仅十四岁，昼夜沿江嚎哭。过了十七天，

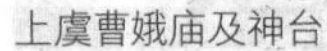
上虞曹娥庙及神台

泰安宁阳禹王庙

在五月二十二日也投江，五日后曹娥的尸体抱父尸浮出水面。曹娥孝行感动乡里，迅速传扬开去，轰动朝野。元嘉元年（151 年）上虞县令度尚改葬曹娥于“江南道旁”，并报奏朝廷表为孝女，为其立碑建庙以慰其孝心，所住之村镇即更名为曹娥村、曹娥镇，殉父之江为曹娥江。曹娥庙坐西朝东，背依凤凰山，面向曹娥江，占地 6000 平方米，建筑面积达 3840 平方米。

淮扬运河上的镇水铁牛。关于铸铁牛可以抵御洪水的说法大概始于唐朝，古人认为，牛是大地的象征和载体，自古就有用铁牛镇水的传统。雄鸡，据说可以抵御水患。古人认为洪水属阴性，而雄鸡报晓，可以驱鬼除阴。壁虎，也被古人视作驱除水患的神兽。清代，人们用生铁在淮扬运河沿线铸造了“九牛二虎一只鸡”，用于镇水防洪。如今淮扬运河沿线的“九牛二虎一只鸡”只剩下 6 头铁牛和一只石虎（趴蝮）。铁牛分别位于淮安的高家堰、高邮的马棚湾和邵伯古镇等地，在古运河茱萸湾的壁虎坝还有一只石壁虎。说来奇怪，300 多年过去了，如今，这些镇水神兽仍旧享受着附近百姓的香火，人们为了升学生子，祈求祛病除灾仍然来祭拜这些镇水神兽。

泰安禹王庙。泰安禹王庙位于宁阳伏山镇堽城坝村北，大汶河的南岸，坐北朝南，占地 16132 平方米，是供奉治水英雄大禹的。堽城坝为古代著名的水利建筑工程，这项工程在历史上为繁荣运河交通、灌溉鲁西南广袤的农田，发挥过巨大的作用。庙内立有“同立堽城堰记”碑，记载着明成化十年（1474 年）堽城坝重建的缘由、选址、用料及施工工艺等。庙中有一株被称为大禹化身的古桧柏，直径达 1.52 米，号称“齐鲁第一柏”，还有一株柏树被誉为“虬枝歧柏”，是宁阳八景之一。

邗沟大王庙。邗沟大王庙坐落在扬州古运河由东西向转向南的拐弯处，这里是古邗沟与宋代运河的交汇处。供奉的是两位与大运河有关的“大王”。一位是春秋时的吴王夫差，开凿邗沟的第一人。另一位“大王”便是汉初吴王刘濞。他开山铸钱、煮海为盐，使吴国成为西汉初期各诸侯国中最富强的一个，开通了扬州向东的运盐河。夫差和刘濞对大运河的贡献，扬州人民没有忘记，历代建庙祭祀，供奉香火。其南门上方悬一匾额，上书“恩被干吴”四个金色大字。殿前的四根抱柱上，两副木刻楹联尤为醒目：“曾以恩威遗德泽，不因成败论英雄”；“遗爱成神乡俗流传借元宝，降康祈福世风和顺享太平”，将两位开运河的水神作为财神，认为敬了大王就会行大运，走财运，充分表达了扬州人民对两位吴王的景仰感恩之情。

邗沟大王庙

滑县大王庙

南旺分水龙王庙

滑县大王庙。位于道口镇的滑县大王庙建于明万历十八年（1590年）。供奉的“王”是谢、黄、张、李、朱五位治水先贤，即南宋谢绪，明代黄守才、张居正，战国李冰，清代朱之锡，以祈求保护卫河安澜、水运通畅，人们安居乐业。现仅留存大王庙。大王庙坐东朝西，俯瞰卫河。该殿面宽五间，进深十二架像，为“一殿一卷”式建筑。殿内梁架分主殿梁架和拜殿梁架两部分。如今，大王庙依然受到运河边人民的祭拜。

南旺分水龙王庙。为纪念明代著名水利专家、工部尚书宋礼和著名农民水利专家白英等创修南旺枢纽工程，人们在南旺汶、运交汇处建造了“分水龙王庙”。明永乐年间（1403—1424年）开始修建分水龙王庙，有龙王殿、戏楼及钟楼等建筑。明正德七年（1512年）建宋公祠、白公祠和潘公祠。清康熙十九年（1680年）建禹王殿，其后相继增建了莫公祠、关帝庙、文公祠、蚂蚱神庙、观音阁等建筑，规模持续扩大，到清朝末年已经形成一座结构和功能完备的大型建筑群落。目前，地面尚存关帝庙、禹王殿、观音阁等砖木建筑，其他建筑为遗址状态。人们对修通明代运河的宋礼、白英的敬重，也反映了当地百姓对运河的关注与重视。

露筋娘娘庙。露筋娘娘庙位于大运河边的古镇邵伯镇东风渔业村，是为纪念露筋女而建立的。石碑上立着一只石雕的振翅欲飞的大蚊子，长长的嘴叮在石头上，似乎在用力地吮吸着什么，这种碑的造型在全国尚不多见。据说，碑文是宋代大书法家米芾的手笔。而今古碑不复存，碑刻仍存高邮文游台内。后人将露筋女作为运河女神供奉，凝聚着渔民们祈求平安的心愿。但也有人对此事提出责疑。乾隆皇帝曾两次游览露筋祠，题诗写道：“蚊嘬安能至命亡？露筋事半属荒唐。虽然事可风巾帼，善善何妨思欲长。”应该说，乾隆的评价还是比较客观的。

白浮泉是北京不容忽视和忘记的地方，它作为元代京杭大运河最北端的源头，一定程度上拯救过元大都城，而白浮泉遗址公园里还有一座“都龙王庙”，这个龙王庙为何被冠上“都”字，是不是很值得您去研学，有关都龙王庙的故事还是由您直接到那边探寻吧。

白浮泉都龙王庙

第五节
大运河非遗的故事

大运河流域是商品经济最早发展的区域，也是科学技术相对发达的区域，因此，运河区域的手工业在全国发展最快，还有一些运河地区特有的非遗。

1. 临清贡砖建起了北京城

临清是明代运河沿线重要商业重镇。烧制贡砖是一种古老的手工技艺，始于明永乐初期，其烧制技艺是临清运河沿线人民在生产实践中积累的独特经验。分布在临清运河两岸的砖窑遗址不下 200 座。临清砖又名贡砖，它质地好，色泽适宜，形状各异，不碱不蚀，敲击有声，烧制时间由明永乐初到清代末，跨越了 500 年的发展历史。

明永乐年间，明成祖朱棣为了迁都，用了十多年时间在北京大兴土木，营建皇家宫苑城池，临清砖窑业即创设于此时。临清砖窑始于“明永乐初”，至清代仍在烧制，前后延续达 500 年。在北京城，不仅仅故宫和十三陵，天坛、地坛、日坛、月坛，各城门楼、钟鼓楼、文庙、国子监，无不闪现着临清贡砖的身影。据了解，北京修建皇城所用贡砖，绝大多数都来自临清。临清贡砖撑起了北京皇城。

临清所烧造的贡砖、副砖、券砖、斧刃砖、线砖、平身砖、望板砖、方砖、脊吻砖、刻花砖等，一般在五十斤上下，重的有七八十斤。临清贡砖烧制工艺十分复杂精细。成砖后，要经过严格的检验，用黄表纸封裹，搭船解运至天津张家湾码头，经过再次检验合格后，陆路转运京师。北京故宫、天坛、地坛、日坛、月坛、各城门楼、钟鼓楼、文庙、国子监及各王府营建中所用的临清砖比比皆是，处处可见。明十三陵、清东陵、清西陵等皇家陵园建筑中所用的“寿工砖”，也由临清烧造。此外，南京中华门城墙、玄武桥、曲阜孔庙等处也相继发现临清砖，这些砖至今不碱不蚀，敲击有声。

临清贡砖烧制工艺

2. 苏州金砖为皇宫建筑专用产品

御窑金砖是中国传统窑砖烧制业中的珍品，明清以来受到历代帝王的青睐，成为皇宫建筑的专用产品。明代永乐年间，明成祖朱棣迁都北京，大兴土木建造紫禁城。经苏州香山帮工匠的推荐，陆墓砖窑被工部看中，由于质量优良，博得了永乐皇帝的称赞，赐名窑场为“御窑”。

谓“金砖”，实际上是规格为二尺二、二尺、一尺七见方的大方砖的雅称。古籍《金砖墁地》有这样的解释：“专为皇宫烧制的细料方砖，颗粒细腻，质地密实，敲之作金石之声，称‘金砖’；又因砖运北京‘京仓’，供皇宫专用，称之‘京砖’，后逐步演化称‘金

故宫使用的苏州金砖墁地

砖’。”也有老百姓珍惜这类砖头，视之如金的成分。

明代苏州工商业极其繁荣，其中砖瓦制造业也十分发达。其时，烧制砖瓦业大部分集中在城北陆墓一带，并烧制出了仿铜雀瓦五万片。明代永乐年间，明成祖朱棣建造紫禁城时，苏州陆墓（现陆慕）的金砖被选中，被永乐皇帝赐封陆墓砖窑为“御窑”。

到明代嘉靖时，金砖烧制进入全盛期。御窑烧制金砖自 1413 年始，已超 600 年。北京故宫的太和殿、中和殿、保和殿、天安门城楼以及十三陵之一的定陵内所铺设的就是御窑金砖，这些大方砖上尚有明永乐、正德，清乾隆等年号和“苏州府督造”等印章字样。

后来，苏州陆墓镇改名为陆慕镇，20 世纪 80 年代，陆慕御窑开始抢救金砖烧制工艺，经过多年努力，这一主要靠窑户世家祖辈口述流传下来的传统工艺终于被“复活”，1990 年，北京故宫维修时首次用上新烧制的金砖。苏州陆慕还建起了金砖博物馆。

3. 玉器制作哪家最强？

扬州玉雕艺术是运河沿线的传统民间雕刻艺术之一，是中国玉雕工艺的一大流派。扬州琢玉工艺源远流长，几千年来，创制了数量众多，形式各异，工精艺巧的玉器珍宝。自明清以来，扬州即为中国三大玉雕重地之一。

明清时期，苏州琢玉发展很快，成为中国玉器的制造中心。清代苏州的琢玉业，已形成独立的手工业，集中在城西阊门里专诸巷及天库前吊桥一带。那里作坊林立，高手云集，琢玉的水沙声昼夜不停。专诸巷玉行，人才辈出。清乾隆年间，苏州琢玉作坊已达八百三十多户，到处可闻一片“沙沙”的琢玉声。而阊门吊桥两侧的玉市更是担摊鳞次，铺肆栉比。到运河城市扬州、苏州，您可以看看那些精美的玉器。

扬州玉雕（上下）

苏州博物馆珍藏的玉雕文物（上下）

4. 铜镜制作哪里最好？

古代没有玻璃，人们梳妆、穿衣服时只能用磨得光滑铿亮的铜镜来照。因此唐太宗才有“以铜为镜可以正衣冠”的说法。从唐代开始，扬州就是铜镜的重要产区。扬州铸镜中最精致的，是特意加工的专门奉献给皇帝的铜镜，有“方丈镜”“江心镜”和“百炼镜”等。扬州上贡铜镜的时期，据古籍记载为唐中宗到德宗时期，以开元、天宝时最盛，这时扬州铸镜业最繁荣。一镜之上，有平面、凹面、凸面之分，照物成像，有大小、反正、远近之别。扬州曾出土一枚唐代的打马球纹铜镜，镜为菱花形，镜背纹饰是四名骑士，骑士手执鞠杖，跃马奔驰作击球状；人与球之间衬以高山、花卉纹，显现出在郊外运动场比赛的情景。此面铜镜品相极好，是唐镜中的珍品，证明唐代扬州铸镜技艺已达到相当高的水平。

扬州出土的唐代打马球铜镜现藏扬州博物馆

5. 什么是漆器髹饰技艺？

漆器业是运河流域古老的手工业之一，起源于战国，兴旺于汉唐，鼎盛于明清。其工艺齐全、技艺精湛、风格独特、驰名中外。

漆器作品

早在秦汉时期，扬州彩绘和镶嵌漆器制作工艺就有很高的水平，扬州北郊天山汉墓、北京老山汉墓、长沙马王堆汉墓出土的文物中都有漆器的早期作品；唐代扬州漆艺还被鉴真大师传播至日本。宋元时期，日用漆器得到突出发展，成为民间手工业中的一项特色行业。漆器制造技法，以运河地区最为先进。淮安出土的宋墓小件漆盘及漆托木胎，做得极为精细。杭州老和山、无锡宋墓、扬州杨庙镇都出土宋代漆器。苏州宋塔内曾发现嵌螺钿经箱及嵌彩色玻璃、珠宝雕漆须弥座。

到明清时期，扬州成为全国的漆器制作中心，盛极一时。扬州漆器曾三次参加国际博览会，均获得金奖。扬州漆器制作技艺主要有十大工艺门类：点螺工艺、雕漆工艺、雕漆嵌玉工艺、刻漆工艺、平磨螺钿工艺、彩绘（雕填）工艺、骨石镶嵌工艺、百宝嵌、楠木雕漆砂砚工艺、磨漆画制作工艺。其中，最有名的主要有多宝嵌漆器和螺钿漆器。如今，漆器已成了运河沿线重要的旅游纪念品，到扬州可以挑几件。

6.“南桃北柳”的年画

运河沿线年画的重要产地，最著名的是天津的杨柳青木版年画和苏州桃花坞年画，有“南桃北柳”之称。

杨柳青年画，全称“杨柳青木版年画”，属于木版印绘制品，是著名的中国民间木版年画之一。杨柳青年画产生于明代崇祯年间，继承了宋、元绘画的传统，吸收了明代木刻版画、工艺美术、戏剧舞台的形式，采用木版套印和手工彩绘相结合的方法，形成了鲜明活泼、喜气吉祥、题材丰富的独特风格。

杨柳青年画

杨柳青年画的制作方法为“半印半画”，即先用木版雕出画面线纹，然后用墨印在纸上，套过两三次单色版后，再以彩笔填绘。其制作既有版味、木味，又有手绘的色彩斑斓与工艺性，杨柳青年画体现了民间艺术的韵味浓郁，富有中国特色，在中国民间年画中具有重要的代表性。

桃花坞年画

桃花坞年画是江南地区的民间木版年画，因曾集中在苏州城内桃花坞一带生产而得名。它和河南朱仙镇、天津杨柳青、山东潍坊杨家埠、四川绵竹的木版年画，并称为中国五大民间木版年画。桃花坞年画源于宋代的雕版印刷工艺，由绣像图演变而来，到明代发展成为民间艺术流派，清代雍正、乾隆年间为鼎盛时期，每年出产的桃花坞木版年画达百万张以上。桃花坞年画的印刷兼用着色和彩套版，构图对称、丰满，色彩绚丽，常以紫红色为主调表现欢乐气氛，基本全用套色制作，刻工、色彩和造型具有精细秀雅的江南地区民间艺术风格，主要表现吉祥喜庆、民俗生活、戏文故事、花鸟蔬果和驱鬼避邪等中国民间传统审美内容。民间画坛称之为“姑苏版”。2006 年列入第一批国家级非物质文化遗产名录。年画在大运河畔的流行，也充分体现了运河边的人们希望走大运、行好运，对美好生活的向往。尽管现在贴年画的人家已不多，但年画作为非遗纪念品又走进了年轻人的生活。

7. 运河南北两个泥人美名远扬

无锡惠山泥人和天津泥人张彩塑是运河南北两地泥人技艺的代表作。

无锡惠山泥人是中国国家地理标志产品。地处江南运河畔的无锡惠山泥人，已有400年的历史。明末散文家张岱在《陶庵梦忆》中，就记有泥人在店铺中出售的情况。清乾隆南巡时，惠山名艺人王春林制作泥孩数盘进献，得到了乾隆皇帝的称赞。由此可见，在清中期以前，惠山泥人已有相当高的技艺水平，并且名重一时。据记载，惠山泥人全盛时期，大小作坊有40多家。著名艺人有王春林、周阿生、丁阿金、陈杏芳、王锡康等30多人。每年入秋以后，有六七百条货船、几千人次从苏北到惠山采购泥人，部分高档泥人则随着沿运河前来无锡经营蚕丝、米面的各地商贾作为礼品运往远方。惠山泥人由此远销运河沿线的江苏、浙江、山东等省广大农村乡镇，相当一部分流入上海、杭州、汉口等大城市。无锡艺人制作的功夫熊猫成为孩子们的至爱。

无锡惠山泥人中的大阿福和功夫熊猫

天津泥人张店铺

天津的泥人张彩塑是一种深得百姓厚爱的传统民间艺术品，面目径寸，不仅形神毕肖，且栩栩如生。泥人张创始于清代末年，创始人叫张明山，从小跟父亲以捏泥人为业。张明山心灵手巧，富于想象，时常在集市上观察各行各业的人，在戏院里看各种角色，偷偷地在袖口里捏制。他捏制出来的泥人居然个个逼真酷似，一时传为佳话。泥人张在运河沿线流传、发展，至今已有180多年的历史。张明山继承传统的泥塑艺术，从绘画、戏曲、民间木版年画等姊妹艺术中吸收营养。经过数十年的辛勤努力，张明生一生中创作了一万多件作品。他的艺术独具一格而蜚声四海，老百姓都喜爱他的作品，亲切地送给他一个昵称：泥人张。

8. 苏绣

苏绣是中国优秀的民族传统工艺之一，是江苏地区刺绣产品的总称。宋朝时随着运河的进一步畅通，江南进一步开发成为全国经济中心，苏绣开始发扬光大，建于五代北宋时期的苏州瑞光塔和虎丘塔都曾出土过苏绣经袱。在针法上已能运用平抢铺针和施针，这是目前发现最早的苏绣实物。

苏绣作品

明清时期，苏绣艺术开始走向成熟。明朝时，苏绣已成为苏州地区一项普遍的群众性副业产品，形成了“家家养蚕，户户刺绣”的盛况。江南已成为丝织手工业中心。在绘画艺术方面出现了以唐寅（唐伯虎）、沈周为代表的吴门画派，推动了它的发展。艺人结合绘画作品进行再制作，所绣佳作栩栩如生，笔墨韵味淋漓尽致，有“以针作画”“巧夺天工”之称。

苏绣珍品——双面三异绣

双面绣是苏州最鲜活的象征，细密的针脚、完美的构图，呈现的不同风格恰恰将苏绣创作者的精湛绣工和深厚文化底蕴充分展示出来。双面 + 三异就是在正反面两面体现异形异色异针法，如视频中的就是猴的一面金色为主，针法用的是细绣；狗的一面白色为主，针法用的是乱针绣。双面绣是由两个大师分别在正反两面同时构图和刺绣，这每个双面绣作品都倾注了刺绣大师们大量心血，反映的是中华民族的璀璨文明，如果你想切身感受苏绣带来的

双面三异绣视频

苏绣珍品视频

双面绣珍品（猴面）

双面绣珍品（狗面）

苏绣珍品（一团和气）

扬州刺绣作品

震撼，可以到位于苏州著名园林环秀山庄内的中国苏绣艺术博物馆（或到新址：苏州景德路王鏊词内）打卡参观，相信会对中国文化更加自信。

清朝的苏绣以“精细雅洁”而闻名，当时的苏州有“绣市”的誉称。清代中后期，出现了精美的“双面绣”，仅苏州一地专门经营刺绣的商家就有 65 家之多。

广义的苏绣是以苏州为集散中心，遍及江苏运河沿线的一种手工艺品，其品种、造型、图案、画稿、针法、绣法、色彩、技艺、装裱等多方面的综合体现和针法的运用，是构成其绣品各种艺术形象的语言。无锡是苏绣的重要发源地之一，无锡刺绣又称“精微绣”，明代中叶，俞氏创制的堆纱绣因巧夺天工而被选为贡品。扬州刺绣是流传于扬州地区的传统工艺，与苏州刺绣的技艺属同一门类，但由于受扬州历代文化的影响和扬州八怪画派的熏陶，追随中国画的文化内涵和笔墨情趣，“仿古山水绣”和“水墨写意绣”逐步形成扬州刺绣的两大特色。今天，刺绣成为人们生活中的日常用品，而高端的刺绣作品也是藏友关注的点。

第六节 运河上的纤夫与纤夫号子

1. 运河纤夫怎么拉纤？

在没有机械动力的古代，行船主要靠风，顺风行船可以扯上风帆，但逆风行船时，就要拉纤。拉纤有专门的纤路，因为大运河既是漕运通道，还是历代皇帝下江南的必经之路，所以大运河上有标准的纤道。拉纤的时候，必须在桅眼里竖起一根两三米高的竹竿（或木棍），纤绳就系在杆顶上，那根竹杆俗名叫溜子。拉纤的人胸前有一块约五十公分长的纤板，那样做是为了防止纤绳勒进皮肉里，受力的胸脯会舒服些。

运河纤夫雕塑

纤道上的纤道桥

拉纤遇到有岔河的地方，就必须要将纤绳一圈一圈地匡起来上船过河，有时船离岸会有一段距离，船又是在行进着的，上船上岸就需要特别灵巧。船在过桥时是无须上船的，拉纤的人可以跑到桥上将纤板从桥板下甩过去再接住，或者是由船上人将溜子拔起来，由拉纤的人在桥上接过溜子，再从桥板那一边丢给船上拿舵的人。专用的纤路上有岔河的地方都会有一座平整光滑的石板桥，有时拉纤的人一个上午都无须上船。这种纤道桥在江南运河的吴江古纤道和浙东运河的绍兴古纤道上都能看到。

2. 运河纤夫号子怎么唱？

运河纤夫们为了在拉纤中步调一致、提高劳动效率创作了船工号子。船工号子有起锚号、摇橹号、拉纤号等十余种。除起锚号子是大家齐声唱外，其余的号子都是一人领唱众人和。船工号子节奏急促，领、和呼应紧凑，为呼喊性音调，声调高亢、激昂，多为上下句结构和比较简单的咳、哎、嗨、哟、嗖等呼和词。

南宋杨万里所作《诚斋集》中收录有一首《纤夫之歌》：

张哥哥，李哥哥，大家着力一齐拖；一休休，二休休，月子弯弯照九州。

月子弯弯照九州，几家欢乐几家愁，几家夫妇同罗帐，几个飘零在外头？

至明清时代著录里出现了如下四句词：

月子弯弯照九州，几家欢乐几家愁，几家夫妇同罗帐，几家飘散在他州？

这首《月子弯弯照九州》，作为古代“舟师”“纤夫”的劳作之歌，其音乐个性既具“吴歌”柔婉之风，又饱含劳动歌曲的内在力度，自有它难以替代的历史价值和感人至深的艺术价值。

通州运河号子有 10 种。通州运河船工号子，专指北京通州到天津段的北运河的船工号子。这里的船工号子“水稳号不急”，而且是通州的方言、南方的调儿，嚎起来别有风味。通州运河号子林林总总不下十种，开船的时候有起锚号、船行到水深处要有摇橹号，卸货或者装货的时候有出舱号和装舱号，船只搁浅时要有闯滩号，纤夫拉纤时有拉纤号……起锚号：是开船前撤去跳板，开始起锚喊的号子，号子紧凑有力，是无旋律的齐唱。揽头冲船号：是用篙把船头揽正，顺篙撑船，把船冲到深水处喊的号子，号子稳健有力。摇橹号：是船行到深处，顺水摇橹时喊的号子，简洁明快，富有弹性。出舱号：是卸货或者装货的时候喊，号子比较自由，旋律感强。立桅号：是逆水行船前，立起桅杆时喊的号子。跑篷号：是升起篷布时喊的号子。闯滩号：指船搁浅时，船工下水推船时的号子。拉纤号：是纤夫拉纤时喊的号子，可即兴编词或用民间小曲里的词。另外还有绞关号，指休船期把船绞关上岸，推绞关时喊的号子，节奏感比较强。

淮安运河纤夫号子分三段。不同的地区有约定俗成的专门的船工号子，胡健《运河纤夫号子》记叙了他收集整理的淮安运河纤夫号子。共分三段。第一段是早上出发时船工们唱的：“嗨哟——嗨嗬，千斤呀，万斤呀；嗨哟——嗨嗬，千斤呀，万斤呀；嗨哟——嗨嗬，起锚哟，嗨哟；动身哟，嗨哟，开船哟，嗨哟；嗨哟——嗨嗬，嗨哟——嗨嗬。”第二段是船工们行进在路途中唱的：“哟嗬嗬……哟嗬……一声号子我一身汗，一声号子我一身胆；抬起头呀朝前看，

运河纤夫号子表演

今天人们划旱船也成了一种船文化

运河上面都是船；抬起头呀朝前看，运河上面都是船，哟嗬嗬……哟嗬。”第三段是傍晚快收工时船工们唱的：“哟嗬嗬……哟嗬……哟嗬嗬……哟嗬……加把力呀莫偷懒，太阳就要落西山；加把力哟莫偷懒，管船娘子备好饭。哟嗬嗬……哟嗬……哟嗬嗬……哟嗬……”

大运河畔的河北武城也有运河船工号子，明清两代武城段运河上来往船只络绎不绝，船工号子此起彼伏，打篷、拉纤、摇橹、撑篙各种号子声响彻云霄，武城运河船工号子就是在这运河上被船工们世代传唱下来的。据专家介绍，武城运河船工号子大体分为11种：打篷号、打锚号、拉冲号、拉纤号、撑篙号、摊篙号、摇橹号、绞关号、警戒号、联络号、出舱号。武城运河船工号子高亢豪迈，乐谱简练，歌词朴实，旋律上口，充分表现出了运河船工们不畏艰险战胜困难的信心和乐观主义精神。有的唱词也表达了纤夫们希望日子过得越来越好，在运河上走大运的愿望。

高邮耿庙纤石为何这么神奇?

在高邮明清大运河故道的东岸，有两根石柱，上面有一道道勒痕，这就是耿庙纤道石。这两根石柱原是耿庙前灯柱，起到引导湖

淮扬运河畔的耿庙石柱

上船只的作用。石柱呈方形，现在可见地面高度 3.05 米。石柱位于运河拐弯处，千百年来，纤夫们每每经过，需要借纤石柱之力改变船的航向，因此纤绳总要在石柱上摩擦几下，天长日久，在它躯干上留下了道道纤痕。

耿庙石纤石上留下的道道纤痕

耿庙石柱与一位先贤有关，他就是宋仁宗时的通判耿德裕，山东兖州府东平州梁山泊人，兄弟辈中排行第七，又称“七公”。耿德裕为官清廉，后弃官隐居高邮，皈依佛门，吃斋念经。平日抚恤孤寡，周济贫民，为人治病，从不收费。七公 81 岁去世，人们在他常游憩的甓社湖边建起七公殿，又称耿庙。并竖起两根灯柱挂红灯，渔船晚归迷途，方向不辨，情势危急之时，望见高悬于石柱之上昭示方向的红灯，犹如看见了救星。渔船朝红灯划去，就可安全归航。七公显灵的记载和传说颇多，南宋孝宗淳熙七年（1180年），高邮军指挥司奏明皇上，孝宗敕封其为康泽侯。两根耿庙石柱，虽经千年沧桑，依然屹立在高邮湖边。当地的渔民们沿袭过去的风俗，每年都做“七公会”，祈求幸福安康，祈求运河边的人们走好运。

第七节
运河美食的交流与传承

吃是运河文化中最生活化的一面。大运河与饮食文化关系十分密切，不仅运河沿线城市都十分流行饮食文化，而且因为运河的传播交流，运河沿线城市的饮食文化相互渗透影响，互有交流传承，在大运河沿线形成了一条香飘万里的美食带。

1. 运河是怎么影响沿线饮食文化形成的？

大运河的开通，促进了沿途商贸行业的发展，也催生了沿线城市的餐饮业。大运河沿线城市，形成了一条饮食文化链条。依托于漕运和商业的发展，沿线的饮食文化显现出交流互通、传播渗透的运河因素。随着运河航运的发达，南北饮食交流越来越多，大小麦在南方广泛种植，水稻在北方普遍种植，加上漕运带来的方便，小麦也在南方运河区域占有较高地位，《至顺镇江志》记载的当地土产中就有面粉，称面粉为“土人承造，精粗不一，货于他郡”。面粉加工成的食品仅面条就有 10 多种，今天镇江的锅盖面名扬天下，也许与元代时镇江人就喜食面条的习惯有关系。南宋临安城内的居民从开封移民的较多，因此饮食既有南方习俗，又具北方特色。“食店，多是由京师（汴梁）人开张，如羊饭店兼卖酒”，“饮食混淆，无南北之分矣”。杭州的大排面就来源于开封的紫苏果木羊肋排。

运河两岸很多饮食文化的形成都与运河有关。如天津的杨村糕干，便是明朝永乐年间从浙江绍兴余姚县北迁来到天津定居的杜家兄弟，看到杨村镇漕运繁忙，往来船夫与客商都是以米为食的南方人居多，吃不惯北方的面食，于是灵机一动，参照南方人的饮食习惯，把米碾成面，和以白糖蒸成糕干，沿街叫卖，果然成为南方来的船夫、纤夫爱吃的食品。

与此类似的还有山东张秋小吃壮馍。明清时期，张秋镇作为运河九大商埠之一,八方辐辏，商贩往来，行船、经商的人都需要方便携带和存放的食品，于是有心人便琢磨出张秋壮馍，用发酵白面与未发酵面混合，揉成饼状，用特制三层平底锅烙烤，三十分钟才能烙熟一张。张秋壮馍表面撒以芝麻，熟后味道香醇，可以存数月而不变质，最适合长途行船的人携带，食用时香酥可口，再配上船上常用的鱼汤、羊汤一泡，更是人间美味。您研学运河时可别忘了尝尝这两种小吃。

天津从饭店的宴席到民间的小吃和家常饮食都受到沿线城市的影响。天津饭店里的宴席菜主要受到运河沿线的鲁菜和淮扬菜的影响。天津的菜品受山东菜系的影响表现在讲究爆、炒、烧、炸、塌、扒，一般口味比较重，而且多用葱段为佐料。过去天津的名菜“八大碗”“四大扒”等，基本上是山东菜的做法。德州扒鸡、葱烧海参、四喜丸子、松鼠鱼、油焖大虾等山东名菜，至今还是天津人待客时餐桌上必备的菜肴。淮扬菜主要是对天津上流社会饮食文化有影响。上流社会的人饮食口味上追求鲜、淡、滑、嫩，这正是淮扬菜的特点，淮扬菜中大煮干丝、清炖狮子头、拆烩鲢鱼头、水晶肴蹄，包括无锡的酱汁排骨等，都成为天津上流社会食客们最爱的菜肴。今天从天津菜中还能找出鲁菜和淮扬菜相互交融的痕迹。靠近海边的天津人喜欢吃海货，做法和习惯与运河沿线的浙江和山东很相似，现在天津的家庭主妇都能做出好多样的鱼菜，如家常熬鱼、贴饽饽熬鱼、鱼头泡饼、虾丝咕嘟豆腐、炒麻蛤等，这些做法在山东、江苏、浙江等运河沿线城市中都能找到影子。运河沿线的民间小吃更是影响了天津小吃，使天津成为运河民间小吃的集大成者。淮安的茶馓被天津人做成了远近出名的天津大麻花；山东人的煎饼卷大葱被天津人改为用豆面摊煎饼，加上鸡蛋、葱花、面酱，卷成美味的煎饼馃子。天津的狗不理包子也是在综合了运河沿线城市如扬州的富春包子、开封的灌汤包子、临清煎包的长处的基础上，再创造成的包子中的精品。到天津尝美食，可以亲身体会运河文化的交流沟通功能。

大运河也促进了各大菜系的形成，在淮扬菜中，千层油糕是从河南的千层馒头演变而来的。大汤包与饺面是从淮安传来的，肴肉与拆烩鲢鱼头是从镇江学来的，这就是大运河交流带来的饮食文化传播的结果。

天津大麻花

扬州千层油糕

镇江肴肉

2. 北京烤鸭来源于南京

要说到知名的鸭子，北京烤鸭必然拔得头筹。外地人到北京大抵要吃一次北京烤鸭！然而，地道的北京烤鸭并不是起源于北京，而是起源于明朝时期的南京。北京烤鸭来源于南京烧鸭。南京人吃鸭子的历史可以追溯到六朝，当时，人们已经吃上了炙鸭。到了明朝，南京人爱吃的烧鸭北上“游”到了北京。

朱元璋喜欢吃鸭子，建都南京之后，皇宫的御厨便用南京的湖鸭制作菜肴，为了增加鸭子的风味，厨师们采用炭火烘烤，使鸭子吃起来皮酥肉香，肥而不腻，受到了皇上的称赞，被朱元璋命名为“烤鸭”。

明永乐十四年，伴随运河的疏浚完成，永乐皇帝朱棣亲率文武百官及各行各业的服务人员循着运河水道向新都城进发。那些从南京过去的官吏，却对南京的烧鸭充满了想念。烤鸭技术也跟着传到了北京。北京烤鸭用的鸭子白白胖胖，体形硕大丰满，其实这些鸭子也与大运河相关，当时运送漕粮的船民喜欢在船尾养上一些鸭子，在码头装卸时，有漏下的漕粮，鸭子就赶上去吃，因此等到了北京后，已被喂得又大又肥，正好用来做烤鸭。久而久之，北京烤鸭就用上了这种又大又肥的填鸭，皮薄肉嫩，鲜美可口，深受人们的喜欢。

明朝嘉靖年间，北京烤鸭从宫廷走上市场，出现了专门的烤鸭店，叫作“金陵老便宜坊”。据说当时从南京迁到北京的众人中有一位王姓商人，瞄准商机在南城兵马司附近开了京城第一家烧鸭作坊，店名为“金陵片皮鸭”。因为店铺位置好，方便宜人，所以路人称“便宜坊”。当时的吃客把片皮鸭又称为南炉鸭，意思是从南方传入的炉火烤鸭。“金陵”“南炉”都证实了北京烤鸭祖上的南京血脉。到了清朝时，烤鸭成了朝廷最喜欢的宫廷菜，同治三年（公元1864年），在京城出现了“全聚德烤鸭店”，从此北京烤鸭驰名中外。以后，您吃北京烤鸭时，一定会想起南京还是它的家乡呢。

北京烤鸭

3. 扬州包子与扬州早茶

“扬州包子，包打天下。”据扬州富春集团总经理徐颖宏介绍，扬州包子在很长时间是扬州点心的统称，不仅囊括了丰富多彩的包类品种，而且涵盖了各式各样花色细点。清末以来，以富春茶社为代表的老字号不断继承创新，突出酵面制作技术，形成嫩酵温水面团（清肥慢长）、水调面团、米粉面团及油酥面团为主并兼顾其他面团。扬州包子以薄皮足馅、皮馅相宜、馅心多变、制作精细、突出时令、风味佳美见长。百余年来，扬州包子名扬运河沿线，单是富春茶社就有多个品种先后获得中国名点、中华名小吃等称号和全国金鼎奖。

以扬州包子为代表的扬州早茶已成为与广式早茶相互媲美的品牌，中外游客来扬州，必尝扬州包子，必吃扬州早茶。扬州美食的代表首推早茶，“早上皮包水，晚上水包皮”，说的是扬州人早上必须一杯香茗与可口早点相伴，边吃喝边聊天；晚上必须去澡堂泡个澡，敲个背，赛过活神仙。在扬州接待客人，早茶才是正餐。

早茶必须有茶，除了本地的绿扬春，扬州盐商发明了“一江水煮三省茶”的魁龙珠，用安徽的魁针、浙江的龙井、江苏的珠兰以一定的比例混合制作而成，兼具龙井之味、魁针之色、珠兰之香。前四泡各有味道，你可以到扬州自己品尝一下，品品各是什么味道。

早茶也不仅是喝茶，扬州早茶的点心种类繁多，面点小菜无不使人垂涎欲滴。扬州包子有三丁包、五丁包、虾仁包、肉包、菜包、豆沙包、豆腐皮包、萝卜丝包、烧麦、蒸饺、千层油糕、翡翠烧麦、车螯烧卖、干菜包、荠菜包、野鸭菜包、蟹黄汤包等，还有黄桥烧饼也算其中。扬州特色面食有虾籽馄饨、长鱼面、鱼汤面、阳春面、肉丝面、青菜面、饺面、干拌面、葱油拌面等，并且是各个区县甚至镇上都有各自特色，如小纪熬面就是扬州市江都区小纪镇的独特美食，要提前一天预订才能尝到正宗味道，因为光材料就要准备十几种，并且还要煨制五个小时以上才能得到特色汤。另有扬州干丝，分烫干丝和大煮干丝，也是各有味道，扬州本地人喜欢烫干丝，而外地人点得更多的是大煮干丝。再加上下酒的肴肉、虾籽卤香菇，佐食的扬州酱菜，让人胃口大开。扬州酱菜品种繁多，味道和口感都令人回味无穷，因辅佐扬州早茶而闻名天下，最著名的品牌“三和四美”更体现扬州人对于和美生活的诠释和向往。

扬州吃早茶的店很多，且多数店均有分店，著名的有富春茶社、冶春茶社、锦春、趣园、怡园、五亭吟春、德春、菜根香、花园茶楼、共和春、毛牌楼、皮包水、蒋家桥、必香居、食为天、九炉分社、金带围等。一般的早茶店早餐都要开两餐，有的还要翻台开三餐。每到周末，早茶店都忙得不可开交，一座难求，有的要排号到中午才能吃上。

所以走大运河，到扬州一定要品尝一下扬州早茶，哪怕是睡得香，起晚了也要体验一下，这样梦里也会回味，更有一种“走大运”的感觉。

扬州早茶视频

4. 运河三大名鸡是怎么相互交流传承的？

大运河沿线城市的美食不仅发源于大运河，生长于大运河，而且因为运河的传播交流，相互之间产生了传承关系。运河美食传承最典型的案例是“运河三大名鸡”：山东德州扒鸡、河南道口烧鸡、安徽符离集烧鸡。

（1）德州扒鸡来自于运河码头

德州扒鸡又称德州五香脱骨扒鸡，其源于大运河。元末明初，随着漕运繁忙，德州成为京都通达九省的御路，经济开始呈现繁荣，市面上出现了烧鸡。挎篮叫卖烧鸡的老人，经常出现在运河码头、水陆驿站和城内官衙附近。这是经过人工细作，有滋有味的烧鸡。其形态侧卧，色红味香，肉嫩可口，作为后来扒鸡的原型，初露头角。到了清代，烧鸡已不仅仅见于餐桌，而且步入社会。臂挎提盒叫卖烧鸡者多了，开始时有名的是贾姓人家，后来比较有名的是外号叫“徐烧鸡”的徐恩荣家，还有西面张家，开门面设店铺者屡见不鲜。德州扒鸡的特点是形色兼优、五香脱骨、肉嫩味纯、清淡高雅、味透骨髓、鲜奇滋补。造型上两腿盘起，爪入鸡膛，双翅经脖颈由嘴中交叉而出，全鸡呈卧体，色泽金黄，黄中透红，远远望去似鸭浮水，口衔羽翎，十分美观，是上等的美食艺术珍品。因为大运河，带来了德州远近闻名的鸡文化，浓浓鸡香，飘溢德州城。

（2）道口烧鸡依托运河扬名

道口烧鸡是特色传统名菜之一，由河南省安阳市滑县道口镇“义兴张”世家烧鸡店所制。产生于清代，兴盛于乾隆、嘉庆年间，与大运河关系密切，而且与德州扒鸡有传承关系，因为卫河经过德州连通了道口与天津，道口镇历史上因运河带来繁华，被称为“小天津”。传说一次嘉庆皇帝沿运河巡游经过道口，忽闻奇香而振奋，问左右人道：“何物发出此香？”左右答道：“烧鸡”。随从将烧鸡献上，嘉庆尝后大喜说道：“色、香、味三绝。”从此以后，道口烧鸡成了清廷的贡品。道口烧鸡具有五味佳、酥香软烂、咸淡适口、肥而不腻的特点。食用不需要刀切，用手一抖，骨肉即自行分离，无论冷热吃，都余香满口。与德州扒鸡既有相似之处，又各有千秋。随着运河的传播，道口烧鸡香遍了卫河两岸的河南、河北各地。

（3）符离集烧鸡传承于德州扒鸡

符离集烧鸡是隋唐运河边的安徽省宿州市埇桥区的特色传统名菜，因原产于符离镇而得名。现代意义上的符离集烧鸡，其制作技术形成于20世纪初，源于运河的影响，传承于德州扒鸡。1910年，原在山东德州经营“五香扒鸡”的管再州，因其独生女儿嫁到符离集，而迁居符离集，继续经营“五香扒鸡”。后为适应顾客口味，招徕生意，管再州在制作工艺上作了改进，做成了当时有名的“管家红曲鸡”，兴盛一时。1915年，江苏丰县人魏广明来符离集经营烧鸡。他在管再州制作的“红曲鸡”的基础上，增加配料，美化造型，初步形成了具有地方特色的符离烧鸡。1952年，符离人韩景玉吸取管、魏两家制作的优点和特长，在配料上力求齐全，在技艺上精益求精，逐步发展成为色、香、味、型俱佳的名特产品。正宗的符离集烧鸡原汁老卤，鸡香肉烂，烂而连丝，一抖就散（热鸡），肉烂脱骨，肥而不腻，鲜味醇厚，齿颊留香，与德州扒鸡、道口烧鸡有异曲同工之妙。

与烧鸡类似的，还有运河沿线城市出名的面点包子，有南北运河边的天津狗不理包子、淮扬运河畔的扬州包子、隋唐运河边的开封包子席，还有江南运河边的无锡小笼包子。而扬州的蒸饺与北方的饺子之间也有传承关系。

德州扒鸡

道口烧鸡

符离集烧鸡

扬州包子

扬州富春茶社推出的水晶煎饺

5. 扬州炒饭怎么炒？

号称天下第一菜的扬州炒饭就来源于运河带来的文化交流，又通过运河传播到运河沿线，并走向世界各地。扬州炒饭是淮扬菜中知名度最高的一道经典菜，又名“三香碎金炒饭”。

据传说，扬州炒饭最早见诸史料的原型，是隋炀帝时代的“越国公碎金饭”，依据是隋炀帝的尚食直长（官名，供奉皇帝膳食）谢讽写的一本御宴食谱，名叫《食经》，书中有这六个字：“越国公碎金饭”，认为这是扬州炒饭的“出生证”。御厨们接受了越国公杨素府上厨子的建议，用蛋黄炒米饭，在蛋黄进入油锅后，迅速把米饭倒入，软硬适度、颗粒松散的煮熟的米与鸡蛋翻炒，粒粒米饭裹上金黄颜色，形成“金裹银”的炒饭改良品种，方便又美味。饭菜合一的“碎金饭”让杨广食欲大增，隋炀帝下江都时一路“带货”，这种炒制方法随着杨广南方巡游，传至运河沿线各地。“碎金饭”随着隋炀帝的龙舟一路南下，也迅速征服了行船的船工们的胃。辛苦一天的船工，就着简单的食材，经过一番炒制，蛋炒饭的香味弥漫于运河全线。

扬州炒饭备料

当然，扬州炒饭来源还有一个说法，就是伊秉绶发明的。曾任扬州知府的伊秉绶是将扬州炒饭介绍到海外的第一人。伊秉绶是清嘉庆年间扬州知府，祖籍汀州（今福建宁化），特别喜欢研究美食，伊府厨师在“葱油蛋炒饭”的基础上，还加上一些虾仁和叉烧同炒。“改进版”的扬州炒饭传至扬州士绅盐商家厨，乃至酒楼饭店，成为当时上

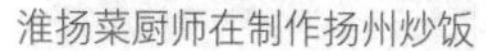
淮扬菜厨师在制作扬州炒饭

扬州炒饭成品

流社会的一个文化符号。伊秉绶从扬州任上卸任后，回到福建宁化老家，改进后的扬州炒饭被带到宁化，并最终随着客家人远征世界的步伐漂洋过海。如今有华人处，就有扬州炒饭。几乎世界各地的中餐馆菜单上，都能看到“扬州炒饭”的名字。后来伊秉绶将这种炒饭的做法写进了他自己的作品集《留春草堂集》里。据扬州炒饭非遗传承人扬州东逸珍味饭店的老板夏朝兵介绍，扬州炒饭里有金裹银、月芽白和三香碎金三种，制作时，除了米饭和鸡蛋这两种主料以外，还有火腿、虾仁、鸡丁、肉丁、海参、花菇、青豆、笋丁等八样配料。这些主料和配料都是普通的食材，关键是要将鲜美的味道预先置于汤底中，并和辅料一起煨至入味，再将这种复合味道逐次炒到米饭中去。扬州炒饭随大运河而传播到运河全线后，通过陆海丝绸之路的联通，传遍了全球各地，扬州人用“扬州炒饭炒遍全球”来形容饮食文化的传播范围之广。

扬州炒饭制作视频

扬州古运河边的
鉴真东渡碑

扬州大明寺

扬州文峰塔

扬州高旻寺

扬州仙鹤寺

德州苏禄王墓

扬州马可·波罗纪念馆、
马可·波罗铜像

浙江奉化南渡村广济桥

浙江宁海崔溥漂流事迹碑

淮安常盈仓遗址

通州燃灯塔

宁波阿育王寺

开封铁塔

临清舍利塔

杭州六合塔

郑州少林寺

高邮镇国寺

洛阳白马寺

沧州泊头清真寺

杭州凤凰寺

嘉兴天主教堂

嘉兴文生修道院

天津西开教堂

扬州天主教堂

扬州苏唱街

宝应高朗亭故居

扬州文汇阁

宁波天一阁

聊城海源阁

嘉兴嘉业堂

镇江文宗阁

杭州文澜阁

苏州过云楼

北京文渊阁

扬州街南书屋

第五章

文化交流的纽带

大运河的开通与整修，不仅直接活跃了中国南北方的物流与人际交往，同时也影响到古代中国与世界的外交往来及其路径。作为古代中国的交通大动脉，大运河已深深烙印进历史，通过南北文化的交流，与国外文明的交流互鉴，使中华文化南北、东西交融，与国外文化双向交流，形成了多元一体的中华文化。作为中华文明与国外文明交流互鉴的纽带，大运河为中外文化的交流发挥了重要的桥梁作用，大运河已成为世界文明进程的重要组成部分。大运河的日益开发使佛教、伊斯兰教和天主教等多种宗教文化得以广泛传播，并且有的在完成中国本土化后再东传日本等国家。大运河沿线形成了丰富多彩的宗教文化和宗教遗存。本章用一处处文化遗迹讲述大运河在南北和中外文化交流中发挥的重要作用，在中国文化发展史上的贡献，体现了大运河对中华民族多元一体文化的形成发挥的重要作用，又体现了大运河带来的国运变化。

第一节
鉴真东渡

运河名城扬州的第一个国外友好城市是日本唐津。这与唐代的鉴真东渡有关。唐朝时，在扬州大明寺讲律传戒的鉴真和尚，对于律宗有很深的研究，他应日本圣武天皇的约请东渡日本，经过六次东渡，历尽艰险，双目失明，终于在天宝十三年（754 年）到达日本。鉴真原姓淳于，14 岁时在扬州出家。由于他刻苦好学，中年以后便成为有学问的和尚。唐天宝元年（742 年），他应日本僧人邀请，先后 6 次东渡，有 5 次东渡都从扬州由大运河出发，历尽千辛万苦，终于成功。此时，佛教在中国已完成本土化进程。鉴真不仅把律宗传到日本，同时还把佛寺建筑、雕塑、绘画等艺术传授给他们。他留居日本 10 年，辛勤不懈地传播唐朝多方面的文化成就。他带去了大量书籍文物。同去的人，有懂艺术的，有懂医学的，他们也把自己的所学用于日本。

鉴真坐像

鉴真带去很多佛经和医书到日本。他主持重要佛教仪式，系统讲授佛经，成为日本佛学界的一代宗师。他指导日本医生鉴定药物，传播唐朝的建筑技术和雕塑艺术，设计和主持修建了唐招提寺。经过两年，唐招提寺建成了。这座以唐代结构佛殿为蓝本建造的寺庙是世界的一颗明珠，

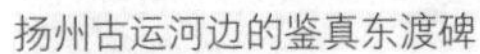

扬州古运河边的鉴真东渡碑

鉴真纪念馆前象征中日友谊的石灯笼

对日本建筑产生了重要的影响，保存至今。鉴真死后，其弟子为他制作的坐像，至今仍供奉在日本唐招提寺中，被定为日本“国宝”。至今，在鉴真东渡的出发地——扬州大运河畔的宝塔湾仍竖立着鉴真东渡纪念碑。扬州大明寺建起了由建筑大师梁思成设计的鉴真纪念馆，成为中日友好的象征。

第二节
苏禄王墓

在山东运河城市德州，有一处苏禄王墓见证着中国与菲律宾的友好关系。苏禄国位于今天的菲律宾群岛的南部，早在宋元时期，中国的商人和商船就到达苏禄，用丝绸换取当地的珍珠和土特产。郑和下西洋，足迹远至非洲东岸，每到一地，都要向当地统治者宣读明朝皇帝的诏书，并邀请其来华访问。永乐七年（1409年）郑和船队经过苏禄国，明朝船队的威武气势和贸易物资的丰盛，给苏禄国的统治者留下了深刻的印象，使他们产生了强烈的与明朝通好的愿望。

明永乐十五年（1417年），苏禄群岛上的三位国王东王巴都葛叭哈剌、西王麻哈剌叱葛剌麻丁和峒王妻叭都葛巴剌卜，在东王巴都葛叭哈剌带领下，率家眷、官员共340人的友好使团远渡重洋来明帝国进行访问，经杭州、扬州沿大运河北上去北京。他们沿大运河北上时，明成祖已得到消息，他听说苏禄国三王一起来朝贡，十分高兴，要求运河沿线的地方官员热情接待，为使团提供充足的粮食和相关开销。八月初一，苏禄国使团来到北京，受到了明成祖的隆重接待。明成祖不但为他们举行了隆重的国宴，而且为他们举行了正式的册封仪式，封巴都葛叭哈剌为苏禄国东王，其他两位国王也受封，并赐诰命和袭衣。这样，苏禄王的名分确定，苏禄国得到明朝的正式承认。

在中国访问了27天后，三王辞归，明成祖朱棣又派人专程护送。九月初，沿运河行至德州时，东王巴都葛叭哈剌因为水土不服，加上旅途劳累，身染重病，不得已停船就医，但苏禄东王就此一病不起，于九月十三病逝于德州。朱棣闻讯后悲痛万分，立即派礼部郎中陈士启前往德州致祭，并抚慰其家人。朱棣还为苏禄东王写下悼文，追谥他为“恭定王”，按王礼将苏禄东王葬于德州。朝廷按照诸侯王的规格，在德州城北为苏禄东王营造了高大宏伟的陵墓，其陵墓南侧有御碑、石人、石马、石羊、翁仲等。墓碑是由明成祖朱棣亲自题写。

东王下葬后，其长子都马含随西王、峒王等人回国继承王位。按照中国的礼俗，成祖让王妃葛木宁、次子温哈剌、三子安都鲁及侍从十余人留在德州守墓3年后返回。明朝对守墓的东王后裔非常照顾，不仅赐田免税，德州官仓还每人每月供给口粮一石。朝廷还从山东历城县拨来3户居民供东王守墓的后人役使。每当季节，德州地方官员都要祭扫东王墓。

由于留在德州的东王家人受到明朝廷的优厚照顾，三年守丧期满后，东王的二儿子、三儿子不愿再回到苏禄国，而愿长久留在德州为父守墓。他们按照中国的姓氏习惯，改姓温姓和安姓。永乐

苏禄国东王墓

苏禄王妃子、王子墓

二十二年（1424 年），明朝政府派人护送王妃葛木宁回国，由于对东王的眷恋，次年她再次返回德州，从此再未离开，与两位王子长期留居德州，直到去世。现在的苏禄王墓东南方，有三个比王墓略小的土堆，便是王妃和王子的坟墓。经过数代繁衍，到明万历年间，苏禄王的后代已达到 70 多人，王墓附近已形成了一个苏禄人的村庄。

返回苏禄国的王子都马含继承父王的东王位后，继续与明朝通好，不断遣使来明朝贡，永乐十八、十九、二十二年，三次派使来贡，其中，永乐十九年东王母亲派遣使节，贡献了一颗 7 两多的特大珍珠，引起轰动。到今天，苏禄东王长眠在中国大地上已 600 多年，他的后裔温、安二姓在德州已传至 20 世孙，计 500 多人。德州成为中国与菲律宾友好往来的重要城市。

第三节
《马可·波罗游记》与大运河

最早向西方介绍中国的一本书是《马可·波罗游记》，意大利旅行家马可·波罗来中国宦游十七年，走访了运河沿岸的许多城市，后来他回到欧洲，创作了《马可·波罗游记》，书中对这些城市的气候、物产、风俗习惯、宗教信仰作了记载，展示了元代运河和城市的生动景象。

马可·波罗出生在意大利威尼斯的商人家庭。他的父亲尼可罗·波罗和叔父马菲奥·波罗是巨商，曾于元至元三年（1266 年）来华见到了元世祖忽必烈。他们回到威尼斯，带回了关于东方和中国的动人见闻，令马可·波罗心驰神往。至元八年（1271 年），尼可罗·波罗和马菲奥·波罗带着马可·波罗，随同罗马教皇所派遣的两名传教士尼古勒与吉岳木东来，踏上了东行中国的旅程。两位传教士因惧怕危险半途而废，只剩下父子叔侄三人沿丝绸之路历尽艰险继续东行。至元十二年（1275 年）夏，他们仨到达元上都（今内蒙古锡林郭勒盟正蓝旗），马可·波罗开始了十六七年待在中国的历程。他博闻强记，很快学会了蒙古语和汉语，熟悉宫廷中的礼仪和行政机构的法规，很受忽必烈重用，担任过枢密副使、淮东道宣慰使、扬州总督等职。在三年的扬州总督任上，管理 24 个县，刚正不阿，主持公道，受到百姓的爱戴。

马可·波罗还奉忽必烈之命，巡视了山西、陕西、四川、云南和江南广大地区。每到一地，考察当地风俗民情、物产资源等，向朝廷报告，出色完成任务。特别是运河沿线城市成为后来他写的游

马可·波罗纪念馆

记中的重要内容，如苏州、杭州都在他后来的游记中有详细描写。他还奉命沿海上丝绸之路出使南洋东南亚各国，大大拓宽了视野。至元二十八年（1291 年），马可·波罗父子利用护送蒙古公主阔阔真到伊利汗国的机会，从福建泉州乘船走海路回国。元贞元年（1295 年），马可·波罗回到阔别多年的故乡威尼斯。大德二年（1298 年），热那亚进攻威尼斯，马可·波罗参战被俘。在狱中，他把自己在中国和其他亚洲国家的所见所闻口述，由通晓法文的鲁思梯谦笔录，写成《马可·波罗游记》（又叫《东方见闻录》）。第二年，马可·波罗获释，临终前他说自己的游记“还未说出自己所见所闻的一半”。《马可·波罗游记》是脍炙人口的世界名著，传播甚广，极大地加强了欧洲人对东方的了解。其中以大量篇幅记述了马可·波罗在运河区域的所见所闻，记录了运河区域的物产、风俗、人情、建筑等情况，是元代以运河文化为代表的中国文化外传的重要见证。至今，在运河沿线的扬州、杭州等地都留了多处马可·波罗的遗迹。在扬州古运河边建起了马可·波罗纪念馆，马可·波罗铜像还屹立在扬州东关古渡广场，成为游客们的网红打卡地。

马可·波罗是“大运河研学”收获最大的人，研学的收获大

马可 · 波罗铜像

小则因人而异，但只要用心走大运河一程，必然是人生一段难忘的经历，也能收获满满。更祝愿大家在大运河研学之时如马可 · 波罗一样走大运！

小贴士：鄂多利克与大运河

继马可 · 波罗之后，意大利又一著名旅行家鄂多利克，于延祐元年（1314 年）（还有说 1316 年或 1318 年）从威尼斯出发，取海道前往中国。他后来到达中国的广州，后由泉州至福州，再由福州经仙霞岭，下钱塘江入杭州到金陵，后从扬州沿运河北上，经临清等城，最后到达元大都。鄂多利克在大都居住了三年后，离京西行，经中亚、波斯返回意大利。他回意大利后，拖着病体，口述其东方见闻经历，由他人整理写成了《鄂多利克东游录》。他的游记已广泛传播，被译成多种文字，是元代中国文化外传的又一见证。

第四节 崔溥与《漂海录》

在宁波市宁海县，经常有韩国人来参拜一块写着“崔溥漂流事迹碑”的石碑，这是怎么回事呢？原来，这与明代第一个行经运河全程的朝鲜人崔溥有关。5世纪末期，朝鲜人崔溥写成的《漂海录》，生动形象地展示了当时大运河的交通情形和沿岸风貌，富有史料和学术价值。

崔溥的“奇幻漂流”是从弘治元年（1488年）初开始的。这一年正月三十日，担任朝鲜弘文馆副校理的崔溥接到家人的通报：父亲去世了。崔溥赶忙请假坐船离开济州岛回家。船刚出海，天气和海况就很糟糕，小船如同风暴中飘零的落叶，很快偏离航线，风浪席卷着海水灌入船舱，崔溥等人奋力舀水，才使船勉强没有沉没。漂流海上14天，历尽艰险，二月十七日在中国宁波府属地获救登岸。得知此事的明孝宗下令当地官员护送崔溥，经大运河进京朝见。在中国官员的押送下，从宁波沿着运河北上。一路上过驿过闸，历时44天，成为明代时行经运河全程的第一个朝鲜人。到北京后，明孝宗亲自对崔溥大加赏赐，成为中朝友谊的一段佳话。逗留135天，行程8000余里，当经过这番奇遇的崔溥回到朝鲜后，朝鲜国王命令崔溥将这场遭遇原原本本地写下来，崔溥完成了一部日记式的见闻录《漂海录》。

崔溥用流畅的汉文写下《漂海录》，全书5.4万余字，涵盖了明弘治初年政治、经济、军事、文化、交通、市井风情等各方面的内容。《漂海录》在古代朝鲜很受重视，曾印行过五个版次；1796年，日本学者将此书译成日文，以《唐土行程记》之名出版。1992年后中国学界开始对此书有深入了解。

《漂海录》的内容包罗万象，文字简练生动，对于研究明代海防、政制、司法、运河、城市、地志、民俗以及中朝关系，具有极其珍贵的参考价值。书中大量的文字是对于大运河和江南江北人文风情的生动记录。崔溥所记运河一线，各种地名多达600余个，其中驿站56处，铺160余处，闸51座，递运所14处，巡检司15处，桥梁60余座。

崔溥一行由运河北上，沿着驿站行止食宿，将这些驿站名称一一记录下来，第一次全面系统地反映了明代中期运河全线的交通状况。崔溥还记录了设在运河线上的急递铺，详细记录了运河沿线调节水量以利漕运的船闸，以及运河沿线掌管地方治安的巡缉机构巡检司。书中记录了在浅滩处为挽舟设立的交通设施浅铺，记录了吕梁大、小二洪的气势和过洪的惊险经历，栩栩如生；对运河上的堤坝堰闸等交通工程设施也作了总体性记述，崔溥记载新店在建闸前，漕船行至此处几乎是“进寸退尺”，便是寸步难行，可建闸后“舟行得其安且顺也”。

崔溥书中的杭州，“接屋连廊，连衽成帷，市积金银，人拥锦绣，蛮樯海舶，栉立街衢，酒帘歌楼，咫尺相望，四时有不谢之

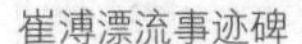
崔溥漂流事迹碑

《漂海录》封面

花，八节有常绿之景，真所谓别作天地也”，这是关于杭州最早的总体描述。书中所记镇江城北江边的西津渡，丰富了西津渡的具体内容。书中所记高邮州城，是非常难得的反映高邮面貌的一条记载。崔溥在日记中记载道，临清城处于两京要冲之地，往来商旅云集，各式商品都能在此见到。从城中到城外的数十里之间商肆楼台密布，财货船舶聚集，亦是当时名显天下的商业都市。崔溥的记述，清晰形象地展示了明中期特别是15世纪后期运河沿岸的市井风情。可以说，在综合性、系统性和整体性上，崔溥的《漂海录》不但时代最早，而且在明代的同类记载中也是唯一的。

如今，在宁海市越溪乡中心小学的操场上，立着一块“崔溥漂流事迹碑”，它是由崔溥后人出资建造的。碑高2米，宽0.8米，正面用隶书刻着“崔溥漂流事迹碑”七个大字。500年前崔溥徒步经过的广济桥，如今仍然是行人往来的主要通道，前来参观的游客更是络绎不绝。

第五节
利玛窦、汤若望与大运河

1. 利玛窦与大运河

西方文化对中国的影响，也是从大运河开始的。利玛窦是意大利耶稣会派来中国的传教士。其原名中文直译为玛提欧·利奇，利玛窦是他的中文名字。他是最早进入中国的西方传教士，是耶稣教会在中国的奠基人。明万历十年（1582年），利玛窦来到中国传教，结识了不少中国官员。1600年，在朝廷礼部尚书王忠铭的帮助下，利玛窦自南京乘船进京。这位学识渊博的传教士，沿着大运河，一闸一闸地过关航行北上。他在文章中写道："大运河实在是美极了，是世界奇迹啊！"他曾来到苏州，盛赞苏州的繁华富饶："经由澳门的大量葡萄牙商品以及其他国家的商品都经过这个河港。商人一年到头和国内其他贸易中心在这里进行大量的贸易，结果是在这个市场上样样东西都能买到。"

利玛窦带着《坤舆万国全图》等进贡的礼品来到紫禁城天奉殿。明神宗看到利玛窦所献物品欣喜异常，对利玛窦格外亲切，将利玛窦留在宫中居住，还让太监跟利玛窦学习演奏西琴。从此，利玛窦和西方传教士们获得了在中国传教的合法地位，他们同时也把西方自然科学成就带到中国来。利玛窦还和中国科学家徐光启合译了西

利玛窦像

《坤舆万国全图》

方自然科学著作《几何原理》，使中国人首次认识到西方科技的进步。可能您没有想到，今天中学生学习的几何知识，里面有外国传教士的贡献。

2. 汤若望与大运河

汤若望（1592—1666 年），字道未，德国科隆人，天主教耶稣会传教士，在中国生活 47 年，历经明、清两朝，是继利玛窦之后最重要的来华耶稣会士之一。

汤若望在顺治年间所受的恩宠与隆遇使得天主教当时在中国的传播较为顺利。1650 年，清政府赐地在宣武门内原天主堂侧重建教堂。汤若望将利玛窦建的一座经堂扩大，建成了北京城内的第一座大教堂（南堂）。汤若望在华期间还有《进呈书像》《主教缘起》《主制群徵》《真福训诠》《崇一堂日记随笔》以及《圣母堂记》等著作。

1634 年，汤若望协助徐光启完成了卷帙浩繁的《崇祯历书》，共计 46 种 137 卷。《崇祯历书》的编撰完成，标志着中国天文学从此汇入世界天文学发展的潮流。他将《崇祯历书》压缩成《西洋新法历书》103 卷，进呈摄政王多尔衮。清廷定名为《时宪历》，颁行天下，从此成为每年编制历书和各种天文学的依据，直至现在也是中国编制农历的基础。中国的历书由外国传教士负责编撰，也成为中外文化沿大运河交流的见证。汤若望被任命为钦天监监正，成为中国历史上的第一个“洋监正”，开始了清廷任用传教士掌管钦天监的将近二百年之久的历史。汤若望受崇祯帝之命，成功造出大炮，并完成了《火攻挈要》一书。汤若望还翻译了德国矿冶学家阿格里科拉的《矿冶全书》，定名为《坤舆格致》。全书共分 12 卷，涉及矿业和相关冶金工序的每个阶段。可惜该书未及刊行，便在明末清初的战火中遗失了。

《崇祯历书》

第六节
大运河与中外建筑文化交流

大运河是古代东方世界主要国际交通路线的组成部分。隋唐宋时期大运河最东端从明州港（宁波）通过“海上丝绸之路”串连海外诸国，最西端则从洛阳西出以衔接横贯亚洲内陆的“陆上丝绸之路”，大运河成为陆海丝绸之路的连接线，形成了古代中国与亚洲、欧洲等广泛的政治、经济、文化联系，促进了古代世界的沟通与交流，尤以建筑文化传播最为典型。大运河沿线形成了建筑文化传播廊道，留下了丰富多彩的建筑文化遗存。

1. 大运河沿线名寺

由于运河带来的交通便利，大运河区域的经济和文化空前繁荣，宗教信仰和民间崇拜呈现出多元化的态势，催生出大量与运河直接或间接相关的寺庙建筑。

扬州天宁寺

扬州天宁寺

天宁寺位于扬州明清城北郊外城河边丰乐上街 3 号，为清代扬州八大名刹之首。占地约 11602 平方米，建筑总面积 5000 多平方米，始建于东晋，经历代重修，现存建筑格局为清同治年间修复后的遗存。天宁寺与清代扬州文化的繁荣具有密切的关联。它是清代皇帝南巡时在扬州的驻跸之所，见证了扬州的繁华与自身的兴盛。

天宁寺规模之大在历史上极为罕见。建筑群由山门殿、天王殿、大雄宝殿、华严阁、东西廊房及配殿组成，以中间一条南北向的中轴线为主，主要建筑都位于南北向的中轴线上，次要建筑安排在轴线东西两侧，构成“一庙五门天下少，两廊十殿世间稀”的格局。整个建筑群对称分布，布局严谨，井然有序，为中国传统的四合院式的寺庙建筑群。建筑群内各元素之间有着微妙、虚实的自然衔接关系，体现出中国古代建筑群内同建筑之间“含蓄”的关系，被许多人誉为“江南小故宫”。

据记载，《红楼梦》作者曹雪芹的祖父曹寅在康熙年间兼任两淮盐御史时，曾受命在寺内设立书局，主持刊刻《全唐诗》，纂修《佩文韵府》。天宁寺现状保存完好，现一部分作为扬州古玩市场对外开放。

扬州重宁寺

在天宁寺万佛楼北侧，还有一座寺庙遗址叫重宁寺，寺中主体建筑与天宁寺位于同一轴线，与天宁寺同为清代扬州八大名刹之一。重宁寺与天宁寺隔路相望，并称“双宁”，建于清乾隆四十八年（1783 年）。现存天王殿、大雄宝殿、藏经楼建筑三进。重宁寺是清代皇帝南巡的重要史迹，寺中佛像照内工作法，表现了皇家因素对寺庙艺术的影响。

重宁寺的天花板上满施彩绘，中央有斗八藻井，保存较好。殿内悬挂乾隆四十八年（1783 年）御赐“普现庄严”和“妙雨花香”匾，均为原物。扬州八怪之一的罗聘曾应邀为重宁寺所作大幅壁画，仙佛人物，惟妙惟肖，传为名胜，惜已不存。

天宁寺旁的重宁寺

传说重宁寺是为乾隆母亲祝寿而建。在乾隆最后一次南巡之前，两淮盐政伊龄阿上奏朝廷，称扬州盐商请求在天宁寺后增建重宁寺，得到乾隆恩准。一年后，一座由盐商出资、僧人了凡主持修建的新寺便竣工落成。乾隆亲自给这座寺庙赐名，叫作“万寿重宁寺”“合万姓之寿为寿，所以为万寿也；以下民之宁为宁，所以为重宁也”。

目前，扬州正在对天宁寺与重宁寺进行提升，打造双宁运河世界文化遗产园。

扬州高旻寺

在扬州市南郊古运河与仪扬河及瓜洲运河的交汇处形成了一处三汊河口，就在这三汊口建有一座名刹，它就是清代扬州八大名刹之一高旻寺，它也是我国佛教禅宗四大丛林之一。

据《邗江县志》载：高旻寺创建于隋代，清初重建为行宫。顺治八年（1651 年），两河总督吴惟华于三汊河岸筹建七级浮屠，以纾缓水患，名曰“天中塔”。十一年（1654 年）秋塔成，复于塔左营建梵宇三进，是为“塔庙”。康熙帝于三十八年（1699 年）第三次南巡莅扬，见天中塔倾圮，于是打算拨款修葺，为皇太后祈福。江宁织造曹寅、苏州织造李煦倡议两淮盐商捐资报效，大加修缮并扩建塔庙。在康熙四十三年（1704 年），康熙第四次南巡，曾登临寺内天中塔，极顶四眺，有高入天际之感，因此书写匾额赐名为“高旻寺”。第二年又御制《高旻寺碑记》，颁赐内宫药师如来脱沙泥金宝像，高旻寺建了金佛殿及御碑亭来供奉。接着，曹寅等在寺的西边建了行宫，规模要比寺庙大几倍。康熙第五、六次南巡和乾隆首次南巡，都曾驻跸在此行宫。

乾隆三十六年（1771 年），高旻寺天中塔的金刹被飓风吹落，损及塔身，由两淮盐商修复，于次年上顶合尖。道光二十四年（1844 年），塔再次倒塌，此后未能重建，高旻禅寺自此衰微。咸丰年间，寺与行宫俱毁于火。民国时高僧来果住持高旻寺 30 多年，扩建寺宇，闻名于世，成为佛教禅宗四大名刹之一。

宁波阿育王寺

宁波阿育王寺创建于西晋太康三年（282 年）。据《阿育王寺》一书介绍，阿育王寺占地 6 万多平方米，现存主体建筑为清代，占地面积 12.41 万平方米。中轴线由南而北依次为山门、天王殿、大

扬州高旻寺

宁波阿育王寺

雄宝殿、舍利殿、法堂（楼上藏经楼）。东、西两侧为厢房及附属建筑。天王殿七间，通面宽 30.36 米，通进深 18.20 米。三大殿均为重檐歇山顶，抬梁式结构，舍利殿屋顶盖金黄琉璃瓦，内有舍利塔。寺内有二塔。一塔建于山上，俗称上塔。一塔建于山下，俗称下塔。上塔已残。下塔建于元至正二十五年（1365 年），砖木结构，仿楼阁式，六面七层，高约 36 米。寺内另存有唐、宋碑刻，唐石雕造像等，并设有宗教文物陈列室。

另外还有洛阳白马寺、开封大相国寺、扬州大明寺、镇江金山寺、常州天宁寺、宁波天童寺等都值得研学时专门探访。

2. 大运河沿线名塔

大运河沿线建造了众多的塔，著名的有“四大名塔”，这就是通州燃灯塔、临清舍利塔、扬州文峰塔、杭州六和塔，这四大名塔不仅是运河沿线建筑艺术的杰出代表，而且是明清时期运河区域繁荣和文化交流的见证。

通州燃灯塔

通惠河畔有一座燃灯塔。清代诗人王维珍的诗《古塔凌云》：

“云光水色潞河秋，满径槐花感旧游。无恙蒲帆新雨后，一枝塔影认通州。”说的就是燃灯塔。燃灯塔又被称为燃灯佛舍利塔。始建于北周，唐、元、明诸代曾予以维修。通州燃灯塔又被民间称为镇水塔，意在防止洪水泛滥威胁运河和保护两岸人民免遭水灾。燃灯塔的结构为八角十三级密檐式实心砖塔，高约45米。须弥座双束腰，每面均有精美的砖雕。塔身正南券洞内供燃灯佛，故名燃灯塔。其余三正面设假门，四斜面雕假窗。塔身以上为十三层密檐，第十三层正南面有砖刻碑记“万古流芳”。整座塔上共悬风铃2224枚，雕凿佛像415尊。通州燃灯塔周边已建成三教庙景区，成为运河文化交流的见证。去通州研学，一定要去燃灯塔打卡。

通州燃灯塔

临清舍利塔

在大运河沿线城市中临清曾有过辉煌的历史，在临清市的南运河东岸有一座临清舍利塔。塔建于明万历三十九年（1611年），塔高61米，九级八面。楼阁式，通体近垂直，仿木结构，刹顶呈将军盔形，基座八面，每面长4.9米，外檐砖木结构。临清舍利塔是与大运河相伴生的建筑，它见证了明清时期临清这一运河名城经济的辉煌。明清两代漕运兴盛之时，客商学子登塔览胜者众多，留有多首题咏。如今，尽管临清的繁华不再，但临清舍利塔仍然是运河沿线四大名塔之一。

临清舍利塔

扬州文峰塔

在扬州城南古运河东岸文峰寺内有一座塔叫文峰塔，当地的地名宝塔湾就是因为此塔而命名。文峰塔建于明万历十年（1582年），相传是为固住扬州之文风，使学子在科举场上出头而得名。其实，在运河边的塔都是镇水之用。文峰塔砖砌塔身，高 40 米，登顶可南望大江，北眺蜀冈，绿杨城廓尽收眼底。文峰塔初建于明万历十年，知府虞德晔领建，僧人镇存募化三年资财得以建成，当时的扬州按察御史邵公题为“文峰塔”，取“文风昌盛，文脉顺达”之意。文峰塔为七层八面砖木结构楼阁式宝塔，塔身红木青瓦，下为砖石须弥座，底层回廊围绕，二至七层为挑廊做法，塔顶为八角攒尖屋顶，通高 44.75 米。古塔庄严厚重，成为古运河畔的显著标志。塔上的灯龛，亦起到航标的作用，明清粮船盐艘多从塔前来往，帆樯林立，盛极一时，此河湾于是改为宝塔湾。现在的文峰塔与文峰寺一起成为扬州古运河畔一道亮丽的风景。

扬州文峰塔

杭州六和塔

六和塔，又名六合塔，是取天、地、东、南、西、北六方以显示其广阔的含义，即“天地四方”之意。位于钱塘江畔月轮山上的六和塔，是北宋时吴越王为镇钱塘潮而建。据《杭州六和塔的传说》介绍，此地原为五代吴越国王的南果园。北宋开宝三年（970 年），钱弘椒舍园造塔，派僧人智元禅师建造了六和塔，并建塔院，建塔的目的是镇压江潮。现在的六和塔塔身重建于南宋，清光绪二十五年（1899 年），又重建塔外木结构。塔名取佛教“六和敬”之义，命名为六和塔。

杭州六和塔

而今，在六和塔这座我国古代建筑艺术的杰作旁，新建了一座中华古塔苑。走进古塔苑，各个朝代、各个地区的一百多座古塔，集中展现了中国塔文化的精华。

除了这四大名塔，在大运河沿线还有许多有名的佛塔。

开封铁塔

开封铁塔

在运河古城开封，有一座被誉为“天下第一塔”的开封铁塔。铁塔位于开封市东北角归远门里原开宝寺东侧。据《图说中国文化》一书介绍，释迦牟尼佛舍利被古印度的 8 个国王均分，摩陀国中的一份在 200 年后为信仰佛教的阿育王所有。他取出佛舍利分藏在 8.4 万个小塔内，运送到各地，其中一部分传入中国。浙江宁波的阿育王寺就是因为得到一份阿育王的佛舍利而建造的。五代时期，吴越王将阿育王寺的佛舍利迎入杭州供奉。吴越王降宋后，宋太祖赵匡胤就沿运河把佛舍利运到东京（今开封），供奉在滋福殿中，后来又命人在城内开宝寺的福圣院中修建了当时被称为“京城之冠”的 13 层木塔，用作供奉，这就是开宝寺塔。

宋仁宗庆历四年（1044 年）木塔遭到雷击焚毁，皇祐元年（1049 年）宋仁宗重修，按木塔式样，用铁色琉璃瓦重建，改名灵感塔。因远看塔如铸铁，民间称其为“铁塔”。该塔平面等边八角形，高 13 层，塔身系仿木结构，以许多形状大小各异的结构砖相结合，严丝合缝。历史上经历大小地震，民国二十七年（1938 年）又遭侵华日军炮击，中弹数十发，都巍然屹立。这可能也是民间称其为铁塔的另一个原因。

高邮镇国寺塔

据《高邮县志》记载，镇国寺塔始建于唐僖宗时，原为 9 层，清嘉庆十五年（1810 年）被大风损坏 3 层，光绪三十二年（1906 年）修为 7 层。镇国寺塔的塔身全部用青砖砌建，高 25 米，呈平面方形。塔顶为四角攒尖式，顶端直立着 2 米高葫芦式紫铜塔尖，底层有南北拱门，二层到七层均有塔门，两旁建有小佛龛。三层到五层的塔门两旁砌有突出的半圆砖柱，层层之间都有叠砌砖出檐，塔上为砖

高邮镇国寺塔

砌粉灰色的四角切尖式塔顶，上面放置覆钵，再上是铜制葫芦刹顶。外形轮廓大体保存唐代砖塔的风格。

镇国寺塔是大运河中的标志性景观，记录了运河改造的历史。镇国寺塔还有一段“让道保塔”的故事：1956 年京杭大运河拓宽改造工程中，镇国寺塔所在地本应在拆毁之列，经有关部门反复认真研究，最后上报国务院，在周恩来总理亲自过问下，决定“让道保塔”，在运河中留下了一块近 40 亩的河心小岛，镇国寺塔耸立其间。大运河申遗期间，扬州有关部门又争取到国家文物局的专项资金对镇国寺塔进行了修缮，使其更加牢固。其实，这四大名塔和开封铁塔、高邮镇国寺塔完全可以组成一条大运河佛塔游览线。

3. 大运河沿线其他著名建筑遗址

济宁东大寺

济宁伊斯兰教清真寺，坐落在山东省济宁市小闸口上河西街。因寺门临大运河西岸，故俗称“顺河东大寺”。始建于明洪武年间，以后经明、清两朝及当代数次修缮，使建筑面积达到 4134 平方米。

济宁东大寺望月楼

寺院坐西朝东，建筑面积达 4134 平方米。寺门朝大运河，共有 4 道门。东大寺为标准的龙首式建筑群，中轴线上主要建筑有大门、邦克亭、大殿、望月楼等四部分。

沧州泊头清真寺

泊头原称泊镇，靠近古运河。向来是水旱码头，为盐运、粮运要道，交通发达，商贾云集。正因为如此，回族的一些先民们很早就在这里经商、农垦、定居，生息繁衍。泊头清真寺位于泊头市区清真街南端，北距沧州市40公里，始建于明永乐二年（1404年），占地面积11200平方米，房屋近200间，建筑面积2920平方米。大殿正门两侧有楹联一副，存“清真光明”匾一块，藏于班克楼内。大殿南侧有一座女寺宅院。

泊头清真寺的建造就与大运河有关，元末明初，即元至正二十八年（1368年），脱脱奉元顺帝的差遣，从南方运送砖石木料，打算修建大都（今北京）宫殿。不料，当船经大运河行至泊头镇时，大都传来消息：朱元璋的部下常遇春、胡大海等将领已经兵临城下，元顺帝妥欢贴睦尔仓皇北逃，元帝国即告覆灭。面临进退两难境地，脱脱只好让船停泊，就地落户，隐蔽在泊镇西边的阁上村。又因其笃信伊斯兰教，遂将卸下的物料修建礼拜寺，为泊镇的回民办了件好事。因为使用了这些高大的木材，泊头清真寺与北方砖石结构的清真寺不一样，完全是砖木结构的南方风格。可以说，泊头清真寺从一个侧面证明了运河文化的传播效应。

扬州仙鹤寺

扬州仙鹤寺又名清白流芳清真寺，位于江苏扬州南门街。宋德佑元年（1275年）由至圣穆罕默德十六世裔孙西域先贤普哈丁创建。仙鹤寺形如仙鹤，并且保存完整，是中阿建筑风格的巧妙融合。普哈丁在兴建清真寺时，按照仙鹤的体形来布局：大门对面的照壁为鹤嘴，大门堂为鹤头，向北的露天通道为鹤颈，礼拜殿为鹤身，南北两厅房为鹤翅，南北两古井为鹤眼，南北两棵柏树为鹤腿，大殿后的竹林为鹤尾。仙鹤寺因此而得名。

泊头清真寺

扬州仙鹤寺

今日仙鹤寺已成为扬州和阿拉伯友好交往的一座标志性建筑。

杭州凤凰寺

杭州凤凰寺

凤凰寺又名“真教寺”，位于浙江省杭州市中山中路上，占地面积约2600平方米。因寺院建筑结构似凤凰展翅，故名。该寺历史悠久，创建于唐朝，到宋朝时被毁掉。1281年，著名伊斯兰教人物阿老丁开始重修，明朝再次扩建重修，最终形成凤凰寺的建筑群规模。

寺内大殿是最古老的建筑，正殿没有梁架，殿顶上起攒尖顶三座是宋代的遗物。寺内还保存有阿老丁墓碑等阿拉伯文碑刻。

您可以将以上四大清真寺作为一条游览线，沿着大运河，来一场伊斯兰文化之旅。

嘉兴文生修道院

文生修道院地处嘉兴市区东北角，前临大运河，院地面积47.5亩，建筑面积5600多平方米，为西式建筑群，有教堂和欧式环楼。修道

嘉兴文生修道院

院建筑群左右对称分布，坐东朝西，主体部分平面呈倒“凹”字形，正面部分二层九开间，东西两翼各十二开间，整个建筑面阔 59.6 米，进深 46.6 米。主体建筑的正中有一小钟楼，钟楼有圆窗。两翼建筑中，东翼两层，西翼三层。底层是开敞式的拱门长廊，廊外共有 30 个砖砌的拱形门。楼层为封闭式长廊，各层都为长条木地板，素面门窗。东、西、南、北均设木制楼梯。

文生修道院常住中外修士四五十名，研习教义，一经考核及格，晋为神父。1949 年文生修道院停办。如今，这里成了全国重点文物保护单位。

嘉兴天主教堂

嘉兴天主教堂又名圣母显灵堂，俗称圣母堂、天主堂。1903 年嘉兴文生修道院建成后，天主教的影响得以扩展。1904 年，意大利籍神父韩日禄在子城脚下（今紫阳街）建造一座教堂，并把加尔默洛会（圣衣会）从海盐迁到嘉兴城内。1917 年，遣使会韩日禄神甫主持兴建宏伟的哥特式大教堂。花费 8 万银元，历时 13 年，到 1930 年才全部完工。整座教堂占地 3.4 万平方米，建筑面积 1320 平方米，堂前两座钟楼拔地而起，高达 57 米。

嘉兴天主堂基本上保持了西方建筑的“原汁原味”，只是在平面入口及建筑朝向上没有按西方教堂圣坛在东门朝西的传统，而是遵照中国坐北朝南为尊的习惯布置。嘉兴天主教堂遗存反映了当时西方建筑的艺术价值及社会文化积淀，也反映了中西方文化交融互鉴，为相关考证、研究提供了最具体的实物例证。其精致的建筑艺术具有很高的研究价值，建筑技术和造型风格堪称同时代、同类型建筑中的上乘之作。

如今，教堂四周成了宽大的草坪，市民和游客不但可以拍出漂亮的照片，而且在参观之余，还可以在草地上休憩，孩子们还可以在草地上玩耍。教堂真正成了一处旅游景点。

扬州耶稣圣心堂

扬州耶稣圣心堂位于扬州古运河畔的北河下 25 号，是原天主教扬州监牧区的主教座堂。

扬州天主教堂（左）
天津西开教堂（右）

1873 年，原负责上海徐家汇天文台工作的法国籍耶稣会神甫刘德跃来到扬州，在缺口城门内购地动工建造耶稣圣心堂，1875 年初步竣工。耶稣圣心堂于 1900 年全部建成。教堂坐西朝东，面积 357 平方米，建筑风格为哥特式，有 2 座高 17 米的钟楼，堂内祭台供奉耶稣圣心像，内部的 10 根红漆柱及哥特式建筑梁架极具特色，并有精美的彩色玻璃窗及各种装饰，但是前面修建了带有中国风味的门楼与照壁。由于这座教堂地处缺口城门附近，扬州人俗称缺口天主堂。

天津西开教堂

西开教堂始位于天津和平区滨江道独山路，全称天主教西开总堂。西开教堂是公元 1916 年由法国传教士杜保禄主持修建，建筑面积 1891 平方米，可同时容纳 1500 人。

西开教堂的建筑风格属于罗曼式，平面呈拉丁“十”字形构图，三个高达 45 米的巨型圆顶错落排列成“品”字形，三座穹窿顶均略向上拉长，表面以绿色铜板覆盖，巨型圆顶为木结构支撑，每座圆顶上有一个青铜十字架。教堂建筑主体是用红黄色花砖砌造的，教堂内有许多壁画和大管风琴，前面院中有圣水坛，有左右两道大门，信徒分男女从不同的门入内。

第七节
京剧徽班进京

大运河作为一条交流的河流，除了推动中外文化交流，更推动了南北文化的交流，京剧的产生就源于这种文化交流。

京剧是清代运河区域戏剧的代表，它的产生与繁荣与清代的四大徽班沿大运河进京献演有着密切的关系。1790年，乾隆皇帝80岁，朝廷命各地组织戏班进京贺寿。其中就有来自扬州的高朗亭带的三庆戏班。戏班从扬州登上平底船，沿着大运河进京而去。进京后，三庆班很快便以阵容强大、演技出色赢得北京观众的普遍赞誉。三庆班的人马可能没想到，他们的贺寿演出竟成为在北京的成名立万之作，并在演出中打磨出了京剧的雏形。

高朗亭之后，又有四喜、启秀、霓翠、和春、春台等戏班相继乘船沿运河北上进京，这些戏班多以安徽籍艺人为主，故名徽班。在路上，每到一个集镇，戏班子就登岸演出，走一路演一路。临清当时是运河上重要的钞关之一，戏班在临清停留了一个月，就演了一个月的戏，培养了一大批京剧爱好者，因此，临清被称为京剧之乡。在北京演出过程中，六个戏班逐渐合并为四个，史称“四大徽班进京”。

他们在北京站稳脚跟后，广泛吸收汉调、昆曲、梆子腔和地方戏曲精华，与北京语言的字音字调结合，使念白和唱腔与老徽戏产生差异，演出剧目也有了自己的特点，表演方面有了自己的风格。在此后的几十年中，徽班不断在运河流域南下北上，到处巡演，在演出中不断吸收各地民间戏曲的精华，风格也逐渐清晰定型。形成了以皮黄为主，兼容昆腔、吹腔、拨子、罗罗等地方声腔于一炉的新剧种，其曲调优美，剧本通俗易懂，故而受到北京观众的热烈欢迎。渐渐地，这种带有北京特点的皮黄戏始称“京戏”，也叫“京剧”，如今已成为中国的国粹。

当徽班在北京唱出名气之后，为了保持艺术水准，其后的艺人也主要来自扬州、苏州两地。因此，徽班往往会到这两地收买伶童，并通过大运河输送到北京。关于此事，《燕京杂记》中有记载：“优童大半是苏、扬小民，从粮艘至天津，老优买之，教歌舞以媚人者。”至今，运河名城扬州的南河下历史街区还有一条古老的苏唱街，见证着那段历史。

除了四大徽班，扬州的其他戏班仍在当地传承发展，咸丰年间为了躲避战乱，一些戏班来到今天江苏中部的里下河地区发展，被称为里下河徽班。同治年间，里下河徽班在无锡、苏州一带演出，然后来到上海与从北京来的京剧班共同演出，进一步融合发展，形成了南派京剧。南派京剧的代表人物周信芳就是大运河畔的淮安人。京剧在上海流行后，京剧班社又继续沿运河传播，通过乘舟南行，向浙江杭嘉湖平原传播，形成了杭嘉湖水路京班。

探寻中国戏曲发展的轨迹，便无法回避大运河的作用与贡献，大运河为戏曲的广泛传播、不断发展并走向繁荣创造了便利条件，为新的艺术形式的诞生提供源源不断的营养，特别是为京剧的诞生奠定了基础。以后，看京剧时，您别忘了是大运河孕育了中国国剧。

徽班进京图

第八节 大运河上的藏书楼

1.《四库全书》七大藏书阁有五个在大运河沿线

《四库全书》全称《钦定四库全书》。是在乾隆皇帝的主持下，由纪昀等360多位高官、学者编撰，3800多人抄写，耗时13年编成

藏有《四库全书》的扬州文汇阁

文汇阁中陈列的《四库全书》

的丛书，分经、史、子、集四部，故名四库。共有3500多册书，7.9万卷，3.6万册，约8亿字。当年，乾隆皇帝命人手抄了7部《四库全书》，下令分别藏于全国各地。先抄好的四部分贮于紫禁城文渊阁、辽宁沈阳文溯阁、圆明园文源阁、河北承德文津阁珍藏，这就是所谓的“北四阁”。后抄好的三部分贮扬州文汇阁、镇江文宗阁和杭州文澜阁珍藏，这就是所谓的“南三阁”。随着扬州文汇阁复建成功，目前，《四库全书》7个藏书阁已全部复建。扬州文化企业与出版社合作，出版了原样原大的全套文津阁版《四库全书》，陈列在复建后的文汇阁，供游客参观。

2. 大运河沿线的私人藏书楼

除了皇家和官府的藏书楼，大运河沿线还有众多的私人藏书楼，其中以宁波的天一阁最为著名。

宁波天一阁

宁波天一阁

位于浙江省宁波市海曙区，建于明朝中期，由当时退隐的明朝兵部右侍郎范钦主持建造，占地面积2.6万平方米，已有400多年的历史，是中国藏书文化的代表之作。1665年，范钦的曾孙范光文在天一阁前修造园林，用假山石形成“九狮一象”等动物形态，改善了天一阁周围的环境。据考证，当时天一阁藏书达到5000余部，70000余卷，此后直到1949年，藏书几乎没有增加。1773年，乾隆帝诏修《四库全书》时，范钦八世孙范懋柱进呈天一阁珍本641种，数量上名列全国第二，但质量一流，包含大量珍本、善本。所呈藏书中，473部被《四库全书总目》采录，但所有藏书均未归还，使得天一阁藏书下降到4819部。乾隆三十九年（1774年）六月，特颁谕旨，恩赏天一阁《古今图书集成》一部，以示嘉奖。天一阁是中国现存最早的私家藏书楼，也是亚洲现有最古老的图书馆和世界最早的三大家族图书馆之一。现藏各类古籍近30万卷，其中珍椠善本8万卷，尤以明代地方志和科举录最为珍贵。

南浔嘉业堂藏书楼

嘉业堂位于湖州市南浔镇西南郊，是我国近代著名的私家藏书楼之一，其创建者是号称“江浙巨富”的刘承干。嘉业堂藏书楼系刘承干于1920年所建，因清帝溥仪所赠“钦若嘉业”九龙金匾而得名。该楼规模宏大，藏书丰富，原书楼与园林合为一体，以收藏古籍闻名，是中国近代著名的私家藏书楼之一。楼上为“希古楼”，存放经部古籍。外面一间为“黎光阁”，存珍本《四库全书》1954册。里面正房名“求恕斋”，原存放史部古籍。1949年解放军南下时，周恩来同志十分关心浙江两大藏书楼（南浔的嘉业堂和宁波的天一阁），曾要陈毅司令员派兵保护，不使损失。故解放军专门派一连战士驻守藏书楼，保护了这批珍贵书籍。1951年11月，刘承干写信给浙江图书馆，“愿将书楼与四周空地并藏书，书版连同各项设备等，悉以捐献与贵馆永久保存”。当时由浙江图书馆和嘉兴地区图书馆派干部接收。接收时藏书有11万册左右，杂志3000余册，红梨木书版3万余块。

南浔嘉业堂藏书楼

老一辈革命家对文化古籍这么重视，我们年轻一代更应珍惜历史，保护好文化遗产。

苏州过云楼

苏州过云楼

过云楼是江南著名的私家藏书楼，位于苏州市干将路，世有“江南收藏甲天下，过云楼收藏甲江南”之称，现为苏州市文物保护单位。经过六代人150年的传承，其藏书集宋元古椠、精写旧抄、明清佳刻、碑帖印谱800余种。过云楼是清代怡园主人顾文彬收藏文物书画、古董的地方。过云楼以收藏名贵书画著称，享有“江南第一家”之美誉。但是顾氏却对家藏善本书籍秘而不宣。顾氏保存的善本都极为完好，整洁如新，宋本纸张洁白，字大悦目。在2005年春季嘉德全国古籍善本拍卖会上，过云楼所藏近500册流传有序、保存完好的珍贵古籍，以2310万元的价格被一神秘买家整体买下。2012年6月20日最终由国家文物局批准，过云楼藏书回归江苏，和南京图书馆的其余四分之三的过云楼藏书团聚。

扬州测海楼

清代曾任宁绍道台的吴引孙在扬州修建的测海楼，是晚清东南地区颇负盛名的藏书楼，扬州最大的藏书楼。时人将其与宁波范氏天一阁、虞山瞿氏铁琴铜剑楼、聊城杨氏海源阁并称。光绪三十年

扬州测海楼（上下）

（1904年）编印了《测海楼书目》4册12卷，仿粤东广雅书院书目之例，分为七类四部，1910年刊行。有自序，言其购书藏书之缘起。测海楼见证了我国古代读书重教的传统，测海楼的书房名为“有福读书堂”，堂上有对联一副：“有福方能坐读书，成才未可忘忧国。”表达了主人希望儿孙读书报国的愿望。就在这座测海楼里面出了吴家四兄弟，这四个兄弟都很杰出，人称“吴门四杰”。这四杰指的就是曾为江苏省文化局副局长、南京大学教授的吴白匋，曾任中国医学科学院副院长的吴征鉴，现任中国科学院院士、核工业总公司科技委高级顾问的吴征铠，中国科学院院士、著名的植物分类学家吴征镒，其中有二人是院士。吴家四兄弟年轻的时候，就是在测海楼里面读书学习的，最终吴家四兄弟成为举世闻名的学者。

扬州街南书屋

街南书屋是扬州盐商马曰琯、马曰璐兄弟的别墅，位于东关街南薛家巷西侧，建于清雍正七年（1729年）左右。街南书屋内

扬州街南书屋

街南书屋中的 24h 城市书房

有小玲珑山馆等十二景。马曰琯祖籍安徽祁门，迁居扬州。以盐业起家，成巨富。与其弟马曰璐互相师友，俱以诗名，时人称之为“扬州二马”。当时名流如厉鹗、全祖望、陈章、陈撰、金农等都与他家过从甚密。清人袁枚《随园诗话》中，将扬州小玲珑山馆、天津水西庄、杭州小山堂并称为“清代三大私家园林”。浙江秀水张庚绘《小玲珑山馆图》，马曰璐撰书《小玲珑山馆图记》。马氏兄弟与郑板桥等扬州八怪的交往尤为密切，常在小玲珑山馆谈诗论文，吟咏酬唱，联袂挥毫，切磋画艺，留下了许多佳话。现在街南书屋除作为民居客栈外，还建有一座 24h 城市书房，书房中总是坐满了爱读书的市民和游客，在古老的藏书楼中阅读已成为扬州东关街居民的一个新时尚。到扬州游玩不妨到街南书屋的城市书店坐下，翻几本爱看的书，感受一下扬州名家曾经在此咏诗作画的场景。

聊城海源阁

聊城海源阁

海源阁位于江北水城山东聊城光岳楼南万寿观街路北杨氏宅院内。始建于清道光二十年（1840 年），由聊城进士杨以增所建，总计藏书 4000 余种，20 多万卷，其中宋元珍本逾万卷。于 1992 年 10 月重新修复。重修之楼，坐其原址，因其旧制，单檐歇山、上下两层、青砖灰瓦、红漆梁柱。正房、配房都是砖木结构，具有浓厚的中国清代北方四合院的建筑风格。据说，《老残游记》作者刘鹗因在海源阁借书未果，写下了老残造访海源阁的故事。

复建后的海源阁成为大众图书馆，加入了更多现代化的元素，不仅有古书，各种畅销图书、期刊受到很多读者的喜爱。馆外借阅和盲人读书机、数字图书馆、懒人听书等科技的加入，让这座古香古色的图书馆也与时俱进起来，吸引了大批年轻人前来打卡。

宿迁龙王庙行宫

扬州天宁寺行宫

宿迁龙王庙行宫

高旻寺行宫

扬州天宁寺行宫

高邮文游台

苏州寒山寺

高邮文游台

扬州栖灵塔

扬州禅智寺

瓜洲古渡

扬州五亭桥

扬州栖灵塔

苏州枫桥

扬州二十四桥

扬州琼花观

隋炀帝陵遗址公园

苏州枫桥

镇江芙蓉楼

北京香山

淮安西游乐园和吴承恩故居

阳谷景阳冈和武松庙

常州毗陵驿

宝应射阳湖镇

扬州瘦西湖五亭桥

高邮盂城驿

开封清明上河园

瓜洲古渡

聊城胭脂湖

苏州平江路

邢台油坊古镇

北京张家湾古镇

嘉兴石门古镇

桐乡崇福古镇

无锡惠山古镇

扬州邵伯古镇

淮安河下古镇

苏州平望镇

淮安河下古镇

瓜洲古镇

扬州瘦西湖

杭州西湖

扬州何园

北京颐和园

苏州拙政园

扬州个园

聊城中国运河文化博物馆

扬州中国大运河博物馆

洛阳隋唐大运河博物馆

杭州中国京杭大运河博物馆

沧州大运河非物质文化遗产展示馆

北京大运河博物馆

第六章

国际旅游目的地

大运河作为我国古代南北水上运输大动脉，沿线密布水运繁荣时代的历史遗迹，有着深厚的历史文化积淀和独特的旅游潜力。大运河是活着的文化遗产，两岸的闸坝、钞关、码头、庙宇、民居，犹如《清明上河图》的长幅画卷将中国悠久的历史展示在人们面前。运河旅游，古已有之：宋代以前主要是皇帝巡游、文人游学和官员宦游。元代大运河南北贯通后，旅游活动进一步发展，更出现马可·波罗等境外旅游者。明清时期，旅游者队伍结构出现早期“大众旅游”现象。新的历史时期，当运河功能转换时，高质量发展旅游业愈发显得重要，游千年运河，走千年大运，大运河成为学子们争相打卡的新旅游热点。本章主要介绍大运河的旅游资源、大运河旅游产品，吸引年轻读者和旅游者沿着运河看中国，跟着本书去研学，使大运河成为国际旅游目的地、重要的研学游基地。

第一节
古代哪些人在大运河上旅游

1. 帝王巡游

最早在运河上旅游的主要是皇帝和官宦。从文化和旅游角度看，上至帝王，下至文人雅士，在运河沿线都留下了数不清的描述运河的游记佳作。古代的大运河旅游最多的还是帝王的南巡，无论是隋炀帝下江都，还是清代康熙、乾隆祖孙下江南，都是沿着大运河而行的。此外，还有众多文人墨客的运河巡游，都留下了诸多的历史遗迹和传说故事。

（1）隋炀帝三下江都

隋炀帝开通纵贯南北的大运河，在解决隋帝国的粮食问题的同时，促进了全国性的商品流通和人员往来，也为他通过水路巡视南方提供了便利。作为大运河全线贯通的首功之人，他先后三次沿着大运河下江都，目的是加强对江南地区的统治。

1）舳舻千里泛归舟

大业元年（605 年）八月，从洛阳到扬州的大运河开通后，隋炀帝想念曾经镇守了 10 年的江都，开始了一下江都。这次南巡，前往东都奉迎隋炀帝的船只就有数千艘，组成了规模庞大的舰队。在岸上拉纤的纤夫就达 80000 多人。

隋炀帝乘坐的龙舟高 45 尺（13.3 米），宽 50 尺（14.75 米），长 200 尺（59 米），像一座浮在水面上的巨大宫殿。共四层，最上面一层有正殿、内殿、东西朝堂；第二层有 160 间房屋，丹粉妆饰，金碧辉煌；第三层是内侍和水手工作的场所；最下面一层是仓库。龙舟用 6 条青丝大缘绳牵引，两岸分别派人拉纤。皇后乘坐的是翔璃舟，规模仅次于皇帝的龙舟。妃嫔乘坐的是浮景舟，比龙舟少一层。而贵人、美人、十六夫人乘坐的是漾水彩舟，有两层，又名大朱航。其他王公、随行官员则按官品高低分别乘坐不同的船只。随行人员多达 10 万人。那个时代能造出这样规模的船，也说明了中国造船技术的高超。

浩浩荡荡的龙舟船队从洛阳西苑出发，沿着大运河向江都驶去。船队历时 50 天才全部出发完毕。队伍所经过的州县，五百里内都要进献食物。多的一州要献食百车，极尽水陆珍奇。“锦帆过处，香闻万里”（《资治通鉴》卷 180）。南巡的船队加上两岸护卫的士兵共有二十多万人，像一股洪流沿着新开的通济渠、邗沟一路南下，直到这年九月才抵达扬州。

在船上的隋炀帝却是意气风发，踌躇满志。他作了一首《泛龙舟》诗，描写了船队的壮观，也抒发了他当时的心情：“舳舻千里泛归舟，言旋旧镇下扬州。借问扬州在何处，淮南江北海西头。六辔聊停御百丈，暂罢开山歌棹讴。讵似江东掌间地，独自称言鉴里游。”

从大业元年（605 年）九月到大业二年（606 年）三月，隋炀帝在江都半年时间内，广泛接触江南各界人士，笼络了大批江南豪门

隋炀帝下江都雕塑

意气风发的隋炀帝

和文化名流。第二年春天，隋炀帝乘龙舟离开了江都，沿运河北上，到了洛阳。正好洛阳新城刚刚落成，隋炀帝举办了隆重的入城仪式，圆满地完成了首次南巡的任务。

2）南幸江都恣佚游

大业五年（609 年）三月，隋炀帝开始了第二次巡幸江都。这次来江都，隋炀帝将注意力用在了对南方蛮俚等少数民族的宣慰上。同时，为了加强对江南的统治，隋炀帝将江都的行政地位提高了一级，“制江都太守秩同京尹”，使江都具有了陪都的地位。这一年在江都，隋炀帝作出了一个英明的决策，那就是重开江南运河。江南运河的重开，是隋炀帝构建全国性水运体系的最后一环。大业六年（610 年）二月，为庆祝江南运河开凿成功，“上升钓台，临扬子津，大宴百僚”，隋炀帝在扬州运河与长江交汇处的扬子津行宫，举行了一次隆重的庆祝活动。随后，隋炀帝带着文武百官，沿着运河，坐着龙舟，赶赴涿郡前线，征伐高句丽。

3）欲取芜城作帝家

大业十二年（616 年）七月，隋炀帝最后一次巡幸江都。许多宫女因不得从行，哭着挽留隋炀帝。隋炀帝也题诗一首：“我梦江南好，征辽亦偶然。但存颜色在，离别只今年。”他还想着第二年就能回到长安。其实，隋炀帝在此时辞别两京而南下江都，是在不得已的情况下作出的理性选择，隋炀帝是想把富裕的江南经营成隋帝国的复兴基地，以图重振河山。因为以江都为中心的江南是隋炀帝长期经营的根据地，有着他的政治势力，隋炀帝在登上皇位前曾以晋王的身份坐镇江都，统辖江南长达 10 年的时光。因此，他离开长安、洛阳而选择南下江都是经过了反复权衡比较后的理智选择。隋炀帝南下江都，“欲把芜城作帝家”（扬州也称芜城），本来想着凭借江都作为大本营东山再起，结果因为反隋的局势发展太快，他本人也在兵变中被杀。隋炀帝死后也葬在了扬州。今天，扬州还存有部分隋代遗迹，运河沿线也流传着有关隋炀帝的众多传说，在扬州古运河畔的东关古渡还陈列着隋炀帝下江都的铜雕。这些都成为今天大运河旅游的重要资源。

隋炀帝南巡江都留下了众多的遗址，也成为今天研学旅游的资源。其一是迷楼，晚唐文人韩偓写过一篇《炀帝迷楼记》，描绘了隋炀帝所建迷楼的富丽奢华。迷楼究竟建在何处？有一种说法，现扬州市北郊蜀冈观音寺中的鉴楼，就是隋炀帝所建迷楼的遗址。

隋炀帝陵遗址公园

其二是琼花观，很多到扬州旅游的游客都要赶到琼花观看一下，理由是这里曾经是隋炀帝看琼花的地方。在明人写的《隋炀帝艳史》《隋唐演义》一类小说里，都大肆渲染隋炀帝和琼花的神奇故事。说隋炀帝要赏此花，专门开凿运河前往扬州观赏。这实际是一种故意误导。其实一直到了宋代，扬州的史籍中才记载有琼花。琼花观始建于西汉元延二年（公元前 11 年），原为供奉主管万物生长的后土女神的后土祠。宋徽宗赐金字匾额题为“蕃厘（fan xi）观”。欧阳修做扬州太守时，在琼花旁建“无双亭”，以示天下无双。并作诗曰：“琼花芍药世无伦，偶不题诗便怨人。曾向无双亭下醉，自知不负广陵春。”还有人称：“维扬一株花，四海无同类。”

在大运河申遗过程中，扬州考古工作者在西湖镇曹庄发现了隋炀帝墓，据考证为隋炀帝与萧后的合葬墓。这一考古成果被列为 2013 年全国十大考古新发现。有人说，也可能是隋炀帝地下有知，感知到大运河要申遗成功了，让真正的隋炀帝墓重见天日。经过考古发掘论证，确认此处为隋炀帝杨广与萧皇后最后埋葬之地。经过 10 年时间漫长的建设，隋炀帝墓考古遗址公园终于以隋炀帝陵遗址公园之名对外开放。

（2）正德皇帝为何在大运河上落水？

明正德十五年（1520 年）九月十五日，大运河上重要的港口淮安府清江浦上，一群衣着华贵、举止优雅的人正在水面上兴高采烈地划船打鱼，岸边旌旗蔽日，侍卫如林，显然这不是普通渔民为了

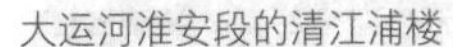
大运河淮安段的清江浦楼

正德皇帝下江南图

谋生的渔业活动。船突然翻了，一个 30 岁左右的中年人掉进水中。旁边船上的人不顾一切地跳进水里，把这位衣着华丽的中年人救上岸。这个人就是大明帝国的正德皇帝朱厚照。正德皇帝虽然保住了一条命，但受到了极大的惊吓，染上了重病。

原来，正德十四年（1519 年）朱厚照御驾亲征，平息阴谋作乱的江西宁王朱宸濠，一路逍遥快乐后班师回朝。途经运河重镇清江浦时，见水上风景优美，鱼儿在水中自由自在地游荡，朱厚照坐上小舟捕鱼起乐，却不慎落水。水呛入肺部，加之受惊过度，身体愈发不行。后来，经过一路的旅途劳累，直到正德十六年（1521 年）正月，正德皇帝一行才回到北京。不久就驾崩，时年 31 岁。

正德皇帝下江南的故事后来被编成多个民间传说和戏剧剧本，现代也制作了很多关于正德皇帝下江南的影视作品，郭德纲就演过《正德皇帝下江南》电视剧。清江浦也成了重要的旅游点。

（3）康熙乾隆皇帝各六次南巡为了什么？

1）康熙六次南巡

清圣祖爱新觉罗 · 玄烨（1654—1722 年），即康熙，是清朝第四位皇帝。康熙早年在宫廷的柱子上写了他平生要做的三件大事：三藩、河务、漕运。河务和漕运实际上是一件事情，三藩平定后，实际上他重视的就是治河一件事情，他穷毕生之力治河，并使河患大为降低。康熙在位期间，先后于康熙二十三年（1684 年）、二十八年（1689 年）、三十八年（1699 年）、四十三年（1704 年）、四十四年

（1705 年）、四十六年（1707 年）六次沿运河南巡江南。康熙以及他的孙子乾隆分别六次沿大运河南巡，都是为了治理黄河、运河，畅通漕运。

康熙皇帝像

康熙二十三年（1684 年）十月，三十一岁的康熙第一次南巡。治河是贯穿康熙执政始终的一件大事，而漕运又与治河密切相关。所以这两件事，合二为一，是他执政生涯中的头等大事。无论他政务有多么的繁忙，他都在关注着河运的治理。他还身临一线，亲自指挥，亲身参与，在实践中不断总结治理河运的经验，不仅在治河方面取得了辉煌的成就，而且积累了很多治河经验。

康熙四十二年（1703 年），康熙第四次南巡，指示将仲庄运口下移至杨庄，可以免去逆黄行运，至此，短时期内河清水畅，河工初步告成。

康熙四十四年（1705 年），康熙帝第五次南巡，阅视杨庄等处新开中河闸口及清口、高家堰河堤，见黄河已顺轨安澜。

康熙四十六年（1707 年）正月二十二日，康熙启程离京第六次南巡，下令疏浚洪泽湖出水口，加宽加深，使河水畅流。康熙四十九年（1710 年），建惠济越闸；康熙五十一年（1712 年），下令建卞庄挑水坝；康熙五十八年（1719 年），开王家营东引河，分漕北趋。此后多年，河工无事。

在南巡时，康熙自己亲自钻研水利理论，并从事广泛的实地调查。康熙帝先后六次南巡，治河、加强清朝对东南地区的统治，是康熙南巡的主要动因。他详细视察了黄河下游和江苏境内的运河，提出了具体的治理方案和要求，有力地促进了治水工作的开展。他曾多次在淮安清口实地考察，对治水官员们指示机宜。后人将他的治水言论汇编成书，定名为《康熙帝治河方略》。

康熙帝重视科学技术，他本人也精于水工测量。在第三次南巡视察高家堰、归仁堤等处时，亲自用水平仪测量水位的高低。康熙巡行到扬州高邮段运河时，亲自测量出运河水比高邮湖水高4尺8寸。在高邮马棚，他亲自司仪测量出淮扬运河沿线清水潭段运河水位高出运西诸湖水位1尺3寸9分，及时指示官员“应加紧建造湖之石堤”。康熙巡河客观上推动了河务的治理，促进了东南社会安定，加快了社会生产的发展，对清代统治产生了良好的影响。

高邮运河边的御码头

2）乾隆六次南巡

乾隆是中国古代执政最久、年寿最高、影响较大的一位皇帝，其六下江南对清朝社会产生了重大影响。

乾隆本人在《御制南巡记》中说：“予临朝五十年，凡举二大事，一曰西师，一曰南巡”。从乾隆十六年至四十九年（1751—1784年）三十余年间，乾隆帝分别六次南巡，前四次是奉母前往江南游历，乾隆四十二年（1777年）后，皇太后病逝，乾隆又两次率臣南巡运河沿线。

康熙南巡时建的高旻寺行宫就在今天的三汊河

历次南巡一般正月从北京出发，陆路经直隶、山东到江苏的清口渡黄河，乘船沿运河南下，经扬州、镇江、丹阳、常州、苏州入浙江，再由嘉兴、石门抵杭州。回程时，绕道江宁，祭明太祖陵，检阅部队，于四月下旬或五月初返京，往返水路行程约5800里。

塘栖乾隆御碑亭

乾隆南巡主要有5个目的。一是蠲免积欠钱粮，扩大减免范围，向百姓表示自己的仁爱之心。二是优待文人，加恩江浙士绅。还通过祀典形式，从思想上、文化上来笼络读书人。三是巡视河务、海塘。六次南巡，五次视察河工，多次巡视海塘。四是巡视各地武装部队，加强对东南地区的军事统治。五是游览江南名胜，了解风土人情，并留下了大量的诗篇，其中多是描写江南山川园林风光的。

淮安惠济祠的乾隆御碑

康熙、乾隆各六次南巡在大运河沿线留下了一批遗迹，有的被列入了大运河申遗点，如扬州的天宁寺、高旻寺行宫，宿迁的龙王庙行宫等。还有众多的御码头、御马路，特别是乾隆一路题词写诗，给运河各地留下了很多传说，这都成为现代开发运河旅游业的重要资源。

3）运河沿线有哪些皇帝行宫？

皇帝在大运河上的巡游，在运河沿线各地留下了诸多遗迹，其中著名的有运河行宫和运河御碑。

扬州天宁寺行宫

在与皇帝的关系上，天宁寺在扬州城内的寺庙中首屈一指。康熙帝六次南巡，两次驻跸天宁寺内。他的孙子乾隆帝六次南巡，至少有五次驻跸天宁寺行宫内。天宁寺行宫后来与寺庙一起被太平天国战火烧毁了。现在我们看到的天宁寺建筑，是同治以后逐渐修复的。

康熙的文治为史家称道，他组织纂辑的《康熙字典》《全唐诗》《佩文韵府》等，成为中国文化史上里程碑式的典籍。而其中《全唐诗》和《佩文韵府》的刊刻，就是在扬州天宁寺进行的。曹雪芹的祖父、时任江宁织造兼两淮巡盐御史的曹寅，奉皇帝之命在扬州刊刻《全唐诗》。他为此专门在天宁寺创办以编校刊刻内府书籍为主的出版机构，这个版本的《全唐诗》，在中国版本学史上享有极高地位。

乾隆组织编写的《四库全书》也珍藏一套在扬州天宁寺的“文汇阁”。天宁寺还与扬州八怪有缘，郑板桥曾在天宁寺住过一段时间。天宁寺作为扬州佛教文化博物馆，对外接待游客。

龙王庙行宫

宿迁的龙王庙行宫也是清朝皇帝南巡留下的遗迹，是大运河沿线众多皇帝南巡行宫中现存的规格最高、规模最大的清代北方官式

皇帝南巡场景

乾隆南巡图

天宁寺行宫内的乾隆御碑

盐商为乾隆修的天宁寺行宫

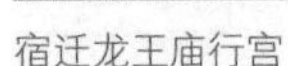

宿迁龙王庙行宫

龙王庙行宫中的龙床

古建筑群。目前建成国家 AAA 级旅游景区。龙王庙行宫，原名为“敕建安澜龙王庙”，坐落于宿迁市西北 20 公里处的古镇皂河，该建筑群始建于清代顺治年间，改建于康熙二十三年（1684 年）。后经雍正、乾隆、嘉庆皇帝的复修和扩建，形成了现在占地 36 亩，四院三进封闭式合院的北方官式建筑群，系清代帝王为祈求龙王“安澜息波、消除水患”而建的祭祀建筑。乾隆皇帝六次下江南，五次驻跸在这里，并建亭立碑，用重金修缮，故又俗称“乾隆行宫”。如今乾隆行宫成了普通百姓旅游的景点，行宫中的龙床也消除了神秘性，成了人人可以看到的东西。

2. 官员宦游，文人游学

（1）唐代官员与大运河旅游

大运河开通后，成了最主要的交通动脉，无数的文人墨客沿着大运河巡游、游学、宦游，大运河逐渐成为一条著名的旅游路线。当然古代的这种旅游具有政治性、采风性色彩，旅游者队伍结构限于官员、缙绅文人等。据《全唐诗》的不完全统计，唐代诗人张若虚、杜甫、李白、白居易、高适、李绅、皮日休、孟浩然、韦应物、李商隐、王湾、杜牧、张继、刘长卿等，都曾沿着永济渠、汴渠、淮扬运河、江南运河巡游，并留千古流传的诗句。

1）唐诗与大运河旅游

唐诗中写大运河的诗很多，很多都是作者游览大运河时所作，其中不乏经典文学精品，伴随大运河流传千古。主要有三类：第一类是写开凿大运河民工的悲惨命运，揭露隋炀帝骄奢淫逸的生活。如罗隐的《隋帝陵》："入郭登桥出郭船，红楼日日柳年年。君王忍把平陈业，只博雷塘数亩田。"李商隐的《隋宫》："紫泉宫殿锁烟霞，欲取芜城作帝家。玉玺不缘归日角，锦帆应是到天涯。于今腐草无萤火，终古垂杨有暮鸦。地下若逢陈后主，岂宜重问后庭花？"胡曾的《汴水》："千里长河一旦开，亡隋波浪九天来。锦帆未落干戈起，惆怅龙舟更不回。"

第二类是肯定大运河的作用。李白的《题瓜州新河饯族叔舍人贲》称赞齐浣开瓜洲运河："齐公凿新河，万古流不绝。丰功利生人，天地同朽灭……"瓜洲古渡也成为历代诗人咏颂的主题，如今瓜洲古渡也被称为诗渡。李敬方的《汴河直进船》，"汴水通淮利最多，生人为害亦相和。东南四十三州地，取尽脂膏是此河"，准确地反映出大运河成为维系唐王朝的生命线的事实。皮日休是在大运河上旅游较多的诗人。他一生游历了许多名山大川，他沿着运河从长安到苏州。正因为他有在大运河上旅游的经历，一路上不仅看到了运河沿线的优美景观，而且对运河的作用有切实体验，所以才写下了对大运河客观评价的《汴河怀古二首》："万艘龙舸绿丝间，载到扬州尽不还。应是天教开汴水，一千余里地无山。尽道隋亡为此河，至今千里赖通波。若无水殿龙舟事，共禹论功不较多。"这被认为是对隋炀帝开通大运河的最公正的评价。

瓜洲运河

第三类是对沿河两岸美丽风光的礼赞。张祜写镇江西津渡的《金陵渡》："金陵津渡小山楼，一宿行人自可愁。潮落夜江斜月里，两三星火是瓜洲。”唐代诗人刘长卿在《送子婿崔真甫、李穆往扬州四首》中写道：“渡口发梅花，山中动泉脉。芜城春草生，君作扬州客。半逻莺满树，新年人独远。落花逐流水，共到茱萸湾。”这个茱萸湾就是古邗沟进入扬州的第一道湾，过了这个湾就进扬州古城了。无独有偶，孟浩然在茱萸湾也作过一首《问舟子》：“向夕问舟子，前程复几多。湾头正堪泊，淮里足风波。”而高适的名句“莫愁前路无知己，天下谁人不识君”（高适《别董大》）也是在运河边的沧州所作。王昌龄《芙蓉楼送辛渐》：“寒雨连江夜入吴，平明送客楚山孤。洛阳亲友如相问，一片冰心在玉壶。”则是在镇江送客回洛阳的送别诗，芙蓉楼因此而成为名胜古迹。

2）浙东运河与唐诗之路

也许，唐代的诗人就认为沿着运河游学可以走大运，因此，常常在运河上旅游，使运河成为唐诗之路。无论是《春日留别》中孙逖思念江南之情，还是刘长卿的《西陵寄灵一上人》反映的运河游记，抑或是《回乡偶书》中贺知章的家乡情结，《梦游天姥咏留别》中李白的浙东游历，无不说明浙东运河是唐代诗人们创作的源泉。贺知章的《回乡偶书》流传最广：“少小离家老大回，乡音无改鬓毛衰。儿童相见不相识，笑问客从何处来。离别家乡岁月多，近来人事半消磨。惟有门前镜湖水，春风不改旧时波。”表达了诗人久居客地，重返故乡的无限感慨和欣慰。李白的诗《别储邕之剡中》：“借问剡中道，东南指越乡。舟从广陵去，水入会稽长。竹色溪下绿，荷花镜里香。辞君向天姥，拂石卧秋霜。”记录了从广陵沿运河到东南一带游历的行程。

浙东运河绍兴段

3）唐诗与运河名城扬州

李白、杜甫、白居易、刘禹锡、贺知章……这些诗仙、诗圣、诗魔、诗豪、诗狂等都多次沿大运河游历，在大运河沿线留下了不朽的诗篇。运河名城扬州是诗人描写最多的城市。杜甫的“商胡离别下扬州”是对运河商贸兴盛的生动写照，孟浩然、高适、徐凝、白居易、杜牧等大批诗人都曾游历运河，来到扬州，并写下了数百首歌颂运河名城扬州风光秀美和市井繁华的诗歌。诗人笔下的运河城市扬州无不是商贾如云，繁华热闹。杜牧笔下的扬州：“街垂千步柳，霞映两重城”。王建的诗：“夜市千灯照碧云，高楼红袖客纷纷。”更是将扬州的繁华描绘

禅智寺

扬州历史上的繁华景象

扬州古运河夜景

到了极致。在唐代诗人的眼中，扬州的繁荣是无以复加的，不仅雄富天下，而且是文化荟萃之地。史料记载李白曾六次游扬州，第一次来是在开元十四年（726 年），当时李白在扬州逗留半年。离开扬州，李白漫游江汉，结识了诗人孟浩然，李白经常向孟浩然讲述他在扬州的经历，吸引了孟浩然的浓厚兴趣，孟浩然启程游扬州，李白在黄鹤楼

为孟浩然饮酒话别，吟咏出一首千古绝唱——《黄鹤楼送孟浩然之广陵》:“故人西辞黄鹤楼，烟花三月下扬州。孤帆远影碧空尽，唯见长江天际流。”成为扬州一张永不褪色的城市名片。天宝八年（749 年），李白再游扬州，在这次游览中，他登临了扬州栖灵塔并留有《秋日登扬州西灵塔》诗。

扬州栖灵塔

唐代诗人徐凝也写过不少首诗，但其代表作却是《忆扬州》:“萧娘脸薄难胜泪，桃叶眉尖易觉愁。天下三分明月夜，二分无赖是扬州。”从此，二分明月成为扬州的代名词，扬州也成为天下闻名的月亮城。为此，扬州专门建了一个城门叫徐凝门，现在还有徐凝门大街。同时，在附近大运河上建的一座桥也叫徐凝门桥。

《纵游淮南》是唐代诗人张祜所作的一首七言绝句:“十里长街市井连，月明桥上看神仙。人生只合扬州死，禅智山光好墓田。”全诗用夸张而又细腻的笔法，以自然流畅之语，将扬州的魅力写得深入骨髓，抒发了对扬州的喜爱之情。

4）枫桥夜泊与寒山寺

枫桥本来叫封桥，因漕运夜间封闭此桥禁止船只通行而得名。它的出名是唐朝诗人张继的一首诗。在安史之乱中诗人张继逃离长安，回湖北襄阳老家，顺路沿着大运河游览。经过汴河到淮扬运河时写下了《晚次淮阳》:“微凉风叶下，楚俗转清闲。候馆临秋水，郊扉掩暮山。月明潮渐近，露湿雁初还。浮客了无定，萍流淮海间。”反映了他寂寥的心情。到了苏州，正值秋夜，诗人泊舟苏州城外的枫桥。枫桥其实应该称为封桥，因为在唐代实行宵禁，封桥落下，运河上的船晚上就不能入城，只能停在运河边的一处小洲旁。江南水乡秋夜幽美的景色，吸引着这位怀着旅愁的客子，使他领略到一种情味隽永的诗意美，于是他信笔写下了这首意境清远的小诗:“月落乌啼霜满天，江枫渔火对愁眠。姑苏城外寒山寺，夜半钟声到客船。”成为千古传诵的佳作。以后到苏州，您就知道枫桥其实是大运河上的封桥，并不是长满枫叶的地方。

苏州枫桥

5）白居易与大运河

著名诗人白居易一生中几次沿着运河来往于洛阳和扬州、苏州、杭州之间，留下了众多诗作。其中最著名的是那首《长相思》：“汴水流、泗水流，流到瓜洲古渡头，吴山点点愁。”形象地描述了沿唐代大运河旅行的线路。

苏州火车站广场的白居易塑像

白居易出生在隋唐运河边的河南新郑，父亲在徐州等地做官，他十一二岁时就漫游吴越。他曾在杭州做官，他离开杭州回洛阳时，走的还是运河，在《自余杭归宿淮口作》一诗中他写道：“舟行明月下，夜泊清淮北。”宝历元年（825年），他受诏为苏州刺史，又一次沿着运河旅行。在苏州他带领百姓建起了七里山塘堤，就是今天从苏州城内直到虎丘云岩寺的山塘街前身。白居易的《赋得古原草送别》“离离原上草，一岁一枯荣。野火烧不尽，春风吹又生。远芳侵古道，晴翠接荒城。又送王孙去，萋萋满别情。”也是在通济渠畔的安徽宿州所作，其中“野火烧不尽，春风吹又生”也成为千古名句。

白居易在大运河城市扬州还有一个与刘禹锡以诗唱和的故事。唐敬宗宝历二年（826年），刘禹锡罢和州刺史任返洛阳，同时白居易从苏州归洛阳，两位好友都走的运河，在扬州他们喜相逢。两人同登栖灵塔，共话离别情。白居易在筵席上写了一首诗《醉赠刘二十八使君》，刘禹锡便写了《酬乐天扬州初逢席上见赠》来酬答他：“巴山楚水凄凉地，二十三年弃置身。怀旧空吟闻笛赋，到乡翻似烂柯人。沉舟侧畔千帆过，病树前头万木春。今日听君歌一曲，暂凭杯酒长精神。”刘禹锡的诗句“沉舟侧畔千帆过，病树前头万木春”成为千古名句。

在苏州还有一座白公祠，也是为了纪念曾任苏州刺史的白居易而建，又称白居易祠。

而在杭州有西湖白堤，据说白居易担任杭州刺史时，在西湖主持修建了白公堤，他曾作诗：“最爱湖东行不足，绿杨荫里白沙堤。”即指此堤。后人为纪念他，称为白堤。现在西湖的断桥残雪景就在

虎丘苏州云岩寺塔

白堤上。离开杭州后，白居易还留下了《忆江南》的词："江南好，风景旧曾谙，日出江花红胜火，春来江水绿如蓝。"以后到杭州，您可一定要去看看白公堤。

西湖白堤上的断桥残雪

6）十年一觉扬州梦：杜牧与运河名城扬州的故事

唐朝著名诗人杜牧与运河结下了不解情缘。杜牧曾为淮南节度府掌书记，淮南道的治所设立在扬州。这也就决定了杜牧和扬州的不解之缘。他写下的关于扬州的诗篇，至今依然为人们所津津乐道。杜牧曾结识一位红颜知己，写下了著名的《赠别》诗："娉娉袅袅十三余，豆蔻梢头二月初。春风十里扬州路，卷上珠帘总不如。"杜牧离开扬州后，还写下了《寄扬州韩绰判官》："青山隐隐水迢迢，秋尽江南草未凋。二十四桥明月夜，玉人何处教吹箫。"一直到晚年，杜牧还深情地追忆他在扬州度过的这段梦幻般美好的生活，他写道："落魄江湖载酒行，楚腰纤细掌中轻。十年一觉扬州梦，赢得青楼薄幸名。"折射出杜牧对扬州的痴情。20世纪90年代，扬州在瘦西湖复建了二十四桥，二十四级台阶，二十四根栏杆，成为瘦西湖中的一景。

（2）宋元诗词与大运河旅游

北宋南宋两朝以及元朝的都城都在运河边，故宋代的官员和文人几乎都乘船在运河上旅游过。如苏辙、苏轼、王安石、范仲淹、陆游、辛弃疾、杨万里、秦少游等。秦少游生活在运河边，沿运河游历最多，写运河的诗也最多。

1）王安石笔下的运河景点

唐宋八大家的另一位代表王安石仕途的起点就在扬州，任淮南节度使通判时，他曾与当时的太守韩琦一起留下了"四相簪花"的故事。王安石在运河入江口瓜洲写下的《泊船瓜洲》："京口瓜洲一水间，钟山只隔数重山。春风又绿江南岸，明月何时照我还。"让瓜洲远近闻名。宋仁宗皇祐二年（1050年）夏，王安石在浙江鄞县知县

杜牧在诗中描写过的扬州二十四桥景区

瓜洲运河入江口

任满回江西临川故里时，途经杭州，写下的《登飞来峰》：“飞来山上千寻塔，闻说鸡鸣见日升。不畏浮云遮望眼，自缘身在最高层。”这两首诗都成为千古传诵的名诗。

2）苏轼与大运河

“明月几时有，把酒问青天。”这是北宋文学家苏东坡在密州（今山东境内）时写下的千古名篇，而他从杭州到密州就任时，就是乘船沿运河北上的。他先后在运河畔的徐州、扬州、常州、杭州等地为官，多次沿大运河旅行。在徐州任太守时，他曾带领人民抗洪，他的诗作《百步洪》就记载了这段经历。苏轼在杭州时还有修西湖苏堤的故事，还写了《饮湖上初晴后雨二首》：“水光潋滟晴方好，山色空蒙雨亦奇。欲把西湖比西子，淡妆浓抹总相宜。”成为歌咏西湖的千古名句。为了向他的老师欧阳修致敬，在扬州任知州时，他在欧阳修建的平山堂旁，建了一座谷林堂。在扬州的运河古镇邵伯，苏轼与秦观、孙觉、苏辙、黄庭坚、张耒、晁补之等“七贤”在运河之畔的斗野亭作诗，使斗野亭成为文坛圣地。苏轼归隐在常州，常州运河上有东坡舣舟亭。今天，如果您要寻找苏轼的游踪，不妨沿着运河去寻觅，说不定就会有惊喜。

3）秦观的故乡在运河边

自称邗沟处士的秦观，字少游，善诗赋策论，与黄庭坚、晁补之、张耒合称“苏门四学士”。生长在大运河畔的秦观，自小就与运河结下了不解之缘。30岁前秦观一直生活在家乡，大运河对他的

谷林堂

常州的东坡舣舟半月岛

生活产生了诸多的影响。他在家乡的运河边留下了众多的诗词。元丰三年（1080年）寒食节前，苏轼胞弟苏辙（字子由）贬监筠州酒税，途经高邮。秦观陪同两日。临别依依不舍，一直送行至邵伯埭。两人一路唱和，分别赋诗三首。舟行至斗野亭，两人洒泪而别，又分别题五律一首。一对挚友难分难舍之情，可谓情景交融。他和老师苏轼在大运河沿线城市游历，留下了许多美丽诗词和运河佳话。苏轼曾到高邮看望秦观，他们二人与孙觉、王巩会集于东岳庙附近，饮酒论文。后人就建了文游台以纪念这次四名士的雅聚。现在，高邮仍建有秦少游纪念馆——文游台。大运河的另一座城市无锡也留下了秦家的遗迹，无锡惠山古镇的寄畅园就是秦观的后代建设的，而著名的清名桥也是秦观后代留下的遗迹。

秦观的塑像

4）辛弃疾、李清照、陆游的运河情思

南宋时期，词人们主要围绕爱国情怀而创作。爱国诗人辛弃疾沿着大运河北上收复旧山河，在江南运河的起点镇江写下了《南乡子·登京口北固亭有怀》："何处望神州？满眼风光北固楼。千古兴亡多少事？悠悠。不尽长江滚滚流。年少万兜鍪，坐断东南战未休。天下英雄谁敌手？曹刘。生子当如孙仲谋。"李清照与陆游两位爱国词人也都是一直不忘复国心愿的南渡人士。李清照在她那首著名的《夏日绝句》诗中写道："生当作人杰，死亦为鬼雄。至今思项羽，不肯过江东。"反映了李清照巾帼英雄的万丈豪情。她还写过抒发复国心愿的词："木兰横戈好女子，老矣不复志千里。但愿相将过淮水！"陆游位卑未敢忘忧国，一生都想着收复中原，曾向朝廷献计北伐，后又亲上边境战场，但无奈却只能寄情诗词。他在《诉衷情·当年万里觅封侯》记叙了这段经历：

邵伯斗野亭

“当年万里觅封侯，匹马戍梁州。关河梦断何处？尘暗旧貂裘。”在《书愤》中他写道：“早岁那知世事艰，中原北望气如山。楼船夜雪瓜洲渡，铁马秋风大散关。塞上长城空自许，镜中衰鬓已先斑。出师一表真名世，千载谁堪伯仲间！”《示儿》则将陆游始终不渝的爱国之志表现得淋漓尽致：“死去元知万事空，但悲不见九州同。王师北定中原日，家祭无忘告乃翁。”今天，我们无论是在运河的北入江口瓜洲，还是在运河的南入江口镇江，都能体会到南宋词人精忠报国的壮烈情怀。

5）文天祥与黄埠墩的故事

南宋的民族英雄文天祥与运河结下了不解之缘，在南宋理宗宝祐四年（1256年）春，他曾经和弟弟文天璧一起沿运河赶赴临安参加科举，途经无锡黄埠墩时，面对小溪山峰美丽的风光，发出“君子进而在朝，则行其道；退而在野，则乐其志”的感慨。考试结

京杭大运河最北端的标志通州燃灯塔

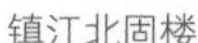
镇江北固楼

无锡运河中的黄埠墩

束，在601名进士中，他名列第一，成了状元。后来因为他抗元的英勇事迹，人们称他为状元中的状元。文天祥第二次来到黄埠墩是任平江知府时率部将前去增援常州。第三次到无锡是在德佑二年（1276年）春。由于战败被俘，文天祥被元军押解去大都，路过无锡时，为防止被人劫夺，元兵将船停泊在四面环水的黄埠墩上。当时正是农历二月，无锡百姓闻知文丞相经过，不顾元军阻挠鞭打，在运河两边排得密密麻麻，持香跪送，哭成一片。文天祥感动得热泪盈眶，吟诗一首《过无锡》："金山冉冉波涛雨，锡水茫茫草木春。二十年前曾去路，三千里外作行人。英雄未死心先碎，父老相从鼻欲辛。夜读程婴存国事，一回惆怅一沾巾。"谁知到了镇江后，他就被反元义士在半夜时分解救了出来，逃到福州继续领兵抵抗。后来文天祥再次被俘，面对敌人的屠刀，英勇就义，留下了"人生自古谁无死，留取丹心照汗青"的壮怀激越。今天的黄埠墩上，建有"正气楼"，来纪念这位民族英雄。

6）元代词人沿大运河的游历

元代诗人萨都剌也多次沿大运河旅游，他的作品展现优美的运河风光，也反映了当时文人墨客在运河上的旅游。五十六岁的萨都剌以三甲进士及第，当年秋季授镇江录事司达鲁花赤，于赴任途中路过扬州。萨都剌有《过江后书寄成居竹》诗云："扬州酒力四十里，睡到瓜洲始渡江，忽被江风吹酒醒，海门飞雁不成行。"他乘船沿大运河南下时，还写了一首《过嘉兴》:“三山云海几千里，十幅蒲帆挂烟水。吴中过客莫思家，江南画船如屋里。芦芽短短穿碧沙，船头鲤鱼吹浪花。吴姬荡桨入城去，细雨小寒生绿纱。我歌《水调》无人续，江上月凉吹紫竹。春风一曲《鹧鸪》吟，花落莺啼满城绿。”元代诗人贡奎也有一首运河诗《二月二达通州》:“河冰初解水如天，万里南来第一船。彻夜好风吹晓霁，举头红日五云边。”在这首诗中，诗人抒写了沿大运河北上到大都任职的欣喜心情。

第二节
文学名著与大运河旅游

明清时期，城镇商业经济繁荣，旅游成为城市居民的一种生活方式，杭州已经出现将运河两岸的景物作为欣赏对象，初显“游”的意味。运河一带的庙会盛极一时，每年庙会之祭日，市民拥至运河两岸，形成了集祭神、游乐、贸易于一体的民间盛会。每年一次的“龙舟盛会”和元宵灯会也很兴旺。随着城市的发展，市民阶层的出现，在运河沿线城市旅游成为人们娱乐的一种方式，在杭州、苏州、扬州、北京这些运河名城，出游玩乐成为一时风气。这些情节在明清时期盛行的文学形式小说中得到充分反映。

1. 四大名著中的运河景点

在运河文化的营养和滋润中，中国古代文学史上诞生了“四大白话小说”，也就是所谓的中国古典文学四大名著。四大名著起源于明代的四大白话小说，分别是《水浒传》《三国演义》《西游记》《金瓶梅》。到清代，用《红楼梦》替代了《金瓶梅》，称为“明清四大白话小说”，20 世纪 80 年代将这四部小说称为“四大名著”。“四大名著”中都有不少运河旅游景点。

（1）《红楼梦》中的运河景点

中国古代四大名著首推《红楼梦》，这是一部具有高度思想性和艺术性的伟大作品，成书于清乾隆四十九年（1784 年）。无论是作品本身还是作者曹雪芹，都是大运河文化孕育出来的杰出文化符号。曹雪芹世家与大运河结有长达 80 年的不解之缘。曹雪芹的高祖曹振彦于顺治十三年任两浙盐法道，两浙盐法道的官署设在杭州，曹振彦上任的路线是从北京沿大运河到杭州，他也是曹家最早走完京杭大运河全程的人。康熙沿运河六次南巡，有四次是由曹家负责接驾的。《红楼梦》中的甄士隐是苏州人，贾雨村是湖州人，林如海是苏州人在扬州为官，他们都生长在运河城市。《红楼梦》里也有不少关于大运河的描写。书中开篇写甄士隐一生“小荣枯”的故事，就发生在“地陷东南”之际的运河苏州段的阊门外。第二回“贾夫人仙逝扬州城”，给林黛玉的父亲林如海造成了家庭困境，为林黛玉从扬州进金陵投靠外祖母提供了机会。于是就有了第三回的“林黛玉抛父进京都”。全书结束于宝玉出家，贾宝玉在常州运河边的毗陵驿拜别父亲贾政。曹雪芹曾从北京沿大运河南下，曹家丢官抄家后，曹雪芹在北京西郊香山完成了《红楼梦》的创作。跟着《红楼梦》，我们可以游览北京香山、扬州天宁寺、苏州阊门、常州毗陵驿等景点。

常州毗陵驿外的文亨桥

（2）《水浒传》中的运河景点

《水浒传》的故事发生在水浒文化和运河文化交汇、叠合的古郓州的区域，也就是梁山泊及周围地带。元初以后，大运河一直在郓州地区纵向穿过，水泊梁山正是运河水系的一部分。梁山泊自古就处于沟通东西、连接南北的交通要道。大运河穿行鲁西地区，这对古郓州及周边地区产生了重要影响。《水浒传》写的是北宋的故事，但它的广泛传播和最终成书，则是在元末明初。大运河的贯通，对《水浒传》的形成，有着重要影响。随着运河城市的兴起，运河沿线成为各种信息的传播交汇点，全国各地的故事在这里汇

景阳冈

武松公园的武松打虎雕塑

聚，然后在运河中的船上品味、消化、加工，又随运河南北传播，这样的故事也就越传越远，影响越来越大了。《水浒传》作者施耐庵写的虽然是北宋的故事，但也以这些故事投射自己生活的那个时代。施耐庵的家乡是大运河畔的水乡兴化，又参加了抗元义军张士诚的队伍，他依据自己的故乡描绘了一个水泊梁山，依据自己造反的经历描绘了一个造反集团的故事。《水浒传》烙上了深深的大运河印记。通过大运河的传播，《水浒传》的故事渐渐成型，水浒人物的形象逐渐丰满，最后通过施耐庵的加工与润色形成了我们今天看到的《水浒传》。施耐庵长期居住在运河城市淮安（楚州），宋江的归宿“蓼儿洼”就是楚州城外的一片水泊。跟着《水浒传》，我们可以游览聊城的景阳冈、济宁的水泊梁山、大丰的施耐庵故居、清河县的武松公园。

（3）《三国演义》相关的运河景点

“四大名著”的作者都在运河城市中生活过。《三国演义》的作者罗贯中虽然不是运河边出生，但他14岁时就辍学随父亲去苏州、杭州一带做生意。后到慈溪随著名学者赵宝丰学习。元至正十年（1350年），罗贯中来到杭州，当时许多说话艺人在这里说书，一些杂剧作家也在这里活动。罗贯中与这些志同道合者为

曹操墓

友，加上他对民间文学又极其喜爱，开始创作章回小说和剧本。至正十六年（1356年），罗贯中到张士诚幕府做宾，在这里结识了施耐庵，并拜其为师。至正二十三年（1363年），罗贯中涉足大运河沿线的城市和江南各地，搜集三国时期东吴的故事传说，发掘整理了大量流行于运河两岸的三国故事。至正二十六年（1366年），罗贯中在杭州开始《三国志通俗演义》的写作。明洪武元年（1368年），他与施耐庵居住在淮安府山阳县（今淮安区）城西门土地祠附近，其间游览汉代遗址，并继续写作《三国演义》。到明太祖洪武三年（1370年），罗贯中已写了十二卷。后来，施耐庵病卒，罗贯中携自己未完成的《三国演义》书稿返回故里，完成最后的著书。如今，大运河沿岸还分布着无数的三国遗迹。跟着《三国演义》可以游览一代枭雄曹操墓、广陵故城射阳湖古镇。

射阳故城

吴承恩故居中的塑像

（4）《西游记》相关的运河景点

《西游记》的作者吴承恩是淮安府山阳县河下（今淮安市淮安区）人。吴承恩号“射阳居士”，而射阳湖就是古邗沟流经的重要湖泊，当初淮安就属射阳县。今天吴承恩的故居，坐落在淮安城西北的河下打铜巷最南端。这地方，是古老的淮河和大运河交汇之处。正是这块人杰地灵的运河热土，催生了古典浪漫主义的文学巨著。作为《西游记》文化的摇篮，淮安地处南北之中，因大运河而兴，文化兼收并

淮安西游乐园

蓄。吴承恩笔下的《西游记》根植于大运河文化，是大运河文化的瑰宝。吴承恩五十岁左右写了《西游记》的前十几回，后来因故中断了多年。嘉靖三十九年（1560 年），他任江南运河畔的浙江长兴县丞，后辞官归乡。回到淮安后，隆庆四年（1570 年）开始着力撰写《西游记》。

吴承恩故居坐落在淮安市淮安区河下古镇的打铜巷巷尾，为国家 AAAA 级旅游景区。2022 年，淮安又建起了西游乐园景区，成为“中国人自己的主题公园”。

2. 明清市井小说与大运河旅游

明代随着运河沿线商品经济的发展，人们的生活越来越丰富，出现了市井文化，这给了以记载市民生活为主的市井小说发育壮大的土壤。《金瓶梅》《三言两拍》《醒世姻缘传》等一批市井小说都与大运河旅游有关。

（1）《金瓶梅》故事的原型地临清

大运河边的重要城市临清的市井文化十分繁荣，这给明清时期的小说提供了创作背景，中国古典名著《金瓶梅》就是以明代临清为主要故事背景地写作而成。当时的临清是经济重镇，商业都会，手工业已很发达，以手工业命名的街巷众多，又是各种货物的集散地。临清钞关的商税曾居全国八大钞关之首。临清还是南粮北调的总中转站和粮食储存中心。《金瓶梅》从第五十八回开始到第一百回的四十三回中，有 25 处直接写到临清。第九十八回的标题即是“陈敬济临清逢旧识，韩爱姐翠馆遇情郎”。《金瓶梅》尽

临清运河风光

管写的是宋代的事，但研究者认为，其时代背景就是明代时期的临清。《金瓶梅》的作者笑笑生，如果不是临清人，也是客居在临清，因为他对临清太熟悉了。《金瓶梅》提及的临清地名如运河钞关、沙河、狮子街等都非常具体。跟着《金瓶梅》我们可以游览运河古城临清。

（2）“三言两拍”中的明代运河故事

据《历史与未来》的作者刘继安研究:《三言》的作者冯梦龙是江苏吴县人,《二拍》的作者凌濛初是浙江湖州人，这二人所创作的小说，比较集中地反映了明代运河的商贾文化。《三言》为《喻世明言》《警世通言》和《醒世恒言》，是我国文学史上第一部规模宏大的白话短篇小说总集,《二拍》是指凌濛初所编的《初刻拍案惊奇》和《二刻拍案惊奇》。“三言二拍”收录故事近200篇，来源多是民间艺人的口头艺术，与大运河的开通、各地文化交流的频繁有很大的关系。同时也真实反映了明代运河区域市民阶层的生活面貌和思想感情，特别是《二拍》还反映了资本主义萌芽时期运河上人们的生活与追求。凌濛初本人是一位出版商，也许正是这个原因,《二拍》中有更多关于商人的故事。《初刻拍案惊奇》卷八，苏州王生往扬州贩运布匹，船到常州时听到别人描述:“无数粮船，阻塞住丹阳路。自青羊铺直到灵口，水泄不通。”“三言二拍”中，近一半的明代故事都曾出现过大运河的身影。从中，我们不仅能看到大运河作为南北交通通道的重要性及沿岸人民生活的种种情景，还能看到大运河在建构明代故事时所发挥的重要文学作用。

杜十娘是明代冯梦龙所著《警世通言·杜十娘怒沉百宝箱》中的女主人公，曾为青楼女子，深受压迫却坚贞不屈，为摆脱逆境而顽强挣扎。将全部希冀寄托于绍兴府富家公子李甲身上。然而她怎么努力也逃脱不了悲惨命运的束缚，在瓜洲古渡，李甲背

沉香亭

信弃义，将其卖于孙富。万念俱灰之下，杜十娘怒骂孙富，痛斥李甲，把多年珍藏的百宝箱中的一件件宝物抛向江中，最后纵身跃入滚滚波涛之中。如今，运河名镇瓜洲古渡公园内建起了沉香亭和杜十娘塑像，纪念这位奇女子。

（3）明代运河水陆旅行与《醒世姻缘传》

作为反映现实生活的古典小说，《醒世姻缘传》多次提到了明代的运河旅游。还提到了运河水神。比如第八十六回“吕厨子回家学舌 薛素姐沿路赶船”就写到了运河沿线信仰的水神金龙四大王。《醒世姻缘传》详细地描写了明代的运河旅游，对研究运河风俗史、旅游史、经济史有很大的帮助。

（4）《浮生六记》与清代运河旅游

清代作家沈复在《浮生六记》中多次提到了运河旅游，他也是将运河作为人生走运的作家之一。在卷一《闺房记乐》中，沈复写了他与妻子芸娘偷偷地沿着运河去吴江，一路水上游览的故事：“于是相挽登舟，返棹至万年桥下，阳乌犹未落也，舟窗心落，清风徐

沈复写到的瘦西湖五亭桥

来，纨扇罗衫，剖瓜解暑。少焉，霞映桥红，烟笼柳暗，银蟾欲上，渔火满江矣。”还有一段记叙沈复全家沿山塘河游虎丘的故事：“至半塘，两舟相遇……携手登山，备览名胜。芸独爱千顷云高旷，坐赏良久。返至野芳滨，畅饮甚欢，并舟而泊。”

特别是在卷四《浪游记快》中记载了沿大运河的城区水系游扬州瘦西湖的场景：“城尽以虹园为首，折而向北，有石梁曰虹桥，不知园以桥名乎，桥以园名乎，荡舟过，曰长堤春柳，此景不缀城脚而缀于此，更见布置之妙。再折而西，垒土立庙，曰小金山……过此有胜概楼，年年观竞渡于此，河面较宽，南北跨一莲花桥。桥门通八面，桥面设五亭，扬人呼为‘四盘一暖锅’。桥南有莲心寺，寺中突起喇嘛白塔，金顶缨络，高耸云霄，殿角红墙，松柏掩映，钟磬时间，此天下园亭所未有者。”[①] 这可能是最早将扬州瘦西湖景观称为“四菜一汤”的小说。

目前，有关文化团体已在苏州沧浪亭排演了实景版的昆曲《浮生六记》，通过在沧浪亭现场演出时的移步换景，将观众带入剧情中，让观众真实地感受剧中人物的所思所想，受到了市场的欢迎。据了解，《浮生六记》制作团队将和苏州水上游相关部门合作，在古运河上打造“游船版”昆曲《浮生六记》，再现当年沈复与芸娘游运河的场景。据悉，“游船版”依然采用浸入式演出的方式，观众将在运河码头登上游船，随着游船前行，逐渐跟着演员的引导，进入到沈复芸娘的往昔生活中，领略在水上漫游苏州古城的绝妙感受。

实景版《浮生六记》演出

① 清·沈复．浮生六记·精装典藏本．北京：北方联合出版传媒集团万卷出版公司，2015.

（5）《聊斋志异》与运河旅游

《聊斋志异》是清朝小说家蒲松龄创作的文言短篇小说集，全书共有短篇小说 491 篇。它们或者揭露封建统治的黑暗，或者抨击科举制度的腐朽，或者反抗封建礼教的束缚，具有丰富深刻的思想内容。作者蒲松龄，世称聊斋先生，自幼便对民间的鬼神故事兴致浓厚。蒲松龄曾任扬州府宝应县知县孙蕙的文牍师爷，在运河沿线的宝应、高邮一带为官，搜集了大量离奇的故事，经过整理、加工后，将其收录到了《聊斋志异》中。他曾在高邮盂城驿担任过一段时间代理驿丞，在《蒲松龄全集》中收录有一篇关于盂城驿的文章，传说他还在盂城驿写出了一篇聊斋故事。如今高邮盂城驿中还塑有蒲松龄的石像。《聊斋志异》中胭脂的故事发生地东昌府，就是今天的运河城市——山东聊城。相传当年蒲松龄骑着毛驴来聊城，在东昌湖边撷取素材写成《胭脂》。故事的原型就是山东学政施闰章断案，为学子洗冤的历史事实。如今美丽的东昌湖还有了一个富有诗意的别称“胭脂湖”。到聊城研学，您可一定去看下胭脂湖，回味一下聊斋中的故事。

聊城胭脂湖

第三节
艺术作品中的大运河景点

1.《清明上河图》画的是什么场景?

《清明上河图》是现存最出名的反映运河主题的名画，为中国十大传世名画。这是北宋画家张择端仅见的存世精品图。他是山东诸城人，少时游学汴京，后习绘画，入为画院翰林，徽宗时完成《清明上河图》。他抓住“清明上河”这一主题，把民俗节日、市民生活、市场盛况与滔滔运河结合起来，绘出这一传世名作。此画场面宏大，人物众多，突出了城郊、运河、城市三个主要部分，人物上千，风光数十里，三教九流，七十二行。它不仅是我国古代绘画艺术中最杰出的现实主义作品，同时，对研究我国历史学、社会学以及古代建筑都具有重要的价值。《清明上河图》既反映了北宋时汴河上的客船，也反映了市民阶层节日出游的场景，可以说是一部北宋时期运河旅游图。如今，有单位将《清明上河图》进行数字化复原，动态再现了宋代汴河上的场景，不失为开发运河旅游的一种好做法。

《清明上河图》

北宋张择端《清明上河图》（汴河虹桥局部）

2.《姑苏繁华图》中的运河

明清时期，江南运河沿线成为人间天堂，涌现出苏州、无锡、扬州等众多旅游重镇，旅游者队伍结构出现早期“大众旅游”现象，虎丘、惠山、金山、平山堂等名胜地，游客四时不断，《姑苏繁华图》展现了中国早期的“RBD（旅游商业区）”和“旅游黄金周”色彩。

《姑苏繁华图》原名《盛世滋生图》，是清代苏州籍宫廷画家徐扬描绘苏州风物的巨幅画作。现藏辽宁省博物馆。画作将260多年前的乾隆时期最为繁盛的苏州城和江南的风物人情，呈现在后世观众的眼前。画中有山川、城郭、街巷、桥梁、河道、码头、寺院、庙坛、衙署、民居、店面，有舟楫、学塾、戏台、招牌，还有婚娶、宴饮、雅集、授业、科考、出巡、演艺、田作、买卖、渔罟、造屋以及命相、测字、化缘等场面，是苏州作为江南地区经济、政治、文化中心的一个真实的再现。

画面自灵岩山起，由木渎镇东行，过横山，渡石湖，历上方山，狮子山，苏州郡城，经盘、胥、阊三门，穿山塘街，至虎丘山止。粗略计算，全幅画有各色人物12000多人，各色房屋建筑约2140余栋，各种桥梁50余座，各种客货船只400余只，各种商号招牌200余块，完整地表现了气势宏伟的古城苏州市井风貌。特别是描写了阊门运河码头和万年桥码头街市的繁华景象，形象地反映了18世纪中叶苏州运河两岸风景秀丽、物产富饶、百业兴旺的繁盛景象，是研究“乾隆盛世”的形象资料。这也为我们今天创作运河文艺作品提供了极好的参考。

《姑苏繁华图》

《姑苏繁华图》

第四节
大运河古镇研学游

大运河作为中国古代具有战略意义的交通大动脉，对于沿线城市和集镇的发展都产生了巨大影响。人们沿着大运河逐水而居，在沿运河而兴起的城镇中，有着鲜明的运河烙印。今天，大运河古镇游成为大运河旅游的重要游览线，越来越受到旅游爱好者的青睐。

1. 小天津：河南道口古镇游

河南滑县的道口镇是一座具有 1000 多年悠久历史的文明古镇，历来商贾云集，日进斗金，素有“小天津”之称。明清时期，道口镇随卫河航运兴起，作为航运中转站，水运通达，商业繁盛。清末民国时期，道口成为航运、铁路、公路交通枢纽，商贾云集，贸易繁盛。

卫河（永济渠）滑县段北起浚县新镇双鹅头村，至安阳市滑县道口镇西部，是卫河（永济渠）目前保留得最为典型的一段运河故道，反映了卫河（永济渠）河道的线路走向。历史上该段运河一直是华北平原上沟通南北的重要水道，对该地区的社会经济发展发挥了重要作用，并对沿线的道口镇、浚县县城等城镇的发展产生了巨大的影响。在卫河 283 公里长的干流中，道口段不过 4.61 公里，却因占据了卫河的要冲，成就了道口镇历史的繁荣。

在清朝乾隆年间，道口逐渐发展为商贸重镇，水路畅通，上可达百泉，下可达天津。到清代中叶，天津得漕运、海运和芦盐之利，已迅速发展成为北方的商业集散中心，形成了一个“天津经济圈”。天津拉动了道口的发展。道口在这个经济圈中，地位相当突出，通畅的水路运输使道口古镇形成 12 条大街道、72 条小胡同，并且四面还有七个城门、两个水门，俨然成为一个戒备森严的小城堡。道口也因此获得了“小天津”的美誉。

道口古镇

道口镇的民俗表演

每年农历正月二十七至二十九，是道口镇传统的火神庙会，这是中原民俗文化的一次集中展示，被称为我国黄河以北“正月最后一个庙会”，已有 700 多年历史，可以品尝闻名国内外的特色名菜“道口烧鸡”。据说“道口烧鸡”以其独特的“色、香、味、型”四绝，被评为“中国名牌产品”，誉为“中华第一鸡”。笔者曾有一尝，果真名不虚传。到道口旅游，您在观赏运河美景的同时，可别忘了尝尝运河美食。

2. 北方小上海：邢台油坊古镇游

河北省邢台市清河县油坊镇位于卫运河畔，大运河上的油坊码头，是明清时期大运河漕运重要码头。当时码头上舟来船往，商贾云集，是河北清河、威县、南宫、故城以及山东高唐、夏津、武城等运河沿线城镇的商品集散地，被人们誉为“北方的小上海”。曾经的油坊古镇内店铺林立，并有多家出名的老字号。明清之交，山西人还在油坊镇建起“山西会馆”，会馆内设有戏楼。在大运河的流水声中，油坊镇迎来了她的黄金年代。曾几何时这里满河船桅、纤夫盈堤，沿岸纤夫启航的号子声动十里。小船划向大船，大船靠向码头，游商走贩的吆喝声此起彼应，真是一派热闹繁华的景象。“商人嗜利暮不散，酒楼歌管相喧阗”便是对其最贴切的描述。

邢台市清河县油坊镇

油坊镇益庆和盐店

益庆和盐店曾是大运河油坊码头存盐货场，清代道光年间由山西蒲州商人所建，占地近十亩。遗址现存道光年间盐店账房5间，都是典型的清代建筑风格，距今已有近200年的历史，是清河县境内现存最早的古建筑，也是大运河的重要遗产之一。现在有6个码头保存完好，主要有客运码头、百货码头、运粮码头、运盐码头、运煤炭码头等。

3. 淮盐重镇：淮安河下古镇游

淮扬运河的北端淮安市淮安区，这里有一座运河古镇，就是淮安河下古镇。河下曾名“北辰镇”，古镇形成于春秋末期，距今已有约2500年历史，明清两代这里曾出过67名进士、123名举人、12名翰林，素有“三鼎甲齐全”之称。

清代两淮盐运使司在河下设分司，主管淮北地区盐政，河下成了两淮食盐的重要集散地之一，有“两淮盐，天下咸”之说。当初盐运兴盛时，大运河、淮河上来往的舟船，去时载盐，返回时捎带石板压舱卸于河边，富有的盐商便购来铺路。数十年下来，这里的街道上就铺满了来自全国各地的石板。而石板上一道道深深的印痕正是当年一辆辆盐车碾压的痕迹。

走在石板街上，阵阵油香味扑鼻而来，大大小小十多家茶馓店都在忙着炸制茶馓。两支长长的竹签，挑起细细的面条，三根一股，绕成梳子状，放入煮沸的油锅中，不一会儿，色泽金黄、造型漂亮的茶馓就出锅了。“淮安茶馓”细如线、黄如金，环环相扣，丝丝相连，吃到嘴里香、脆、酥、甜，还略有些咸味，这一美味也吸引了来自全国各地的游客。

到河下古镇，肯定要尝下淮扬菜。河下的厨师特别多，“会说淮安话，能把厨刀挎”。这一句当地流传的谚语不仅说明河下人对于厨艺的自信，更源于淮扬菜千百年的传承与发展。有首《淮阴竹枝词》唱道：“南船北舸此经过，去去来来唱棹歌。好记山阳城下泊，西湖湖嘴酒家多。”湖嘴大街上首创“屠龙绝技”长鱼席的宴乐楼与独创“面点刹尖”蟹黄汤包的文楼，以及经营清真肴馔的武楼，即是个中翘楚。河下古镇成为淮扬菜的一个主要发源地。在河下，几乎每家都有几道拿手菜。

河下古镇的茶馓

4. 因埭成镇：扬州邵伯古镇游

顺着淮江公路来到了扬州东郊的邵伯古镇。邵伯镇位于扬州市江都区，曾是南北航运要道，商铺鳞次栉比，是大运河闻名遐迩的繁华商埠。“邵伯”镇名的由来，相传是当年周朝的大臣召虎来到这里，教化当地民众，古字“召”同“邵”，就有了“邵伯”。邵伯还有一别称，名叫“甘棠”和“邵伯埭”，因东晋太元十年（385 年）著名政治家、军事家谢安于此筑埭造福于民而得名。邵伯古镇钟灵毓秀，人杰地灵，古往今来，隋炀帝、孙觉、苏轼、苏辙、黄庭坚等众多文人墨客都在这里留下了足迹，邵伯镇还有斗野亭、镇水铁牛、谢公祠、云川阁、大码头、条石街、甘棠古树等 10 多处古迹。

邵伯古镇

邵伯镇有众多的大运河遗产。邵伯明清大运河故道位于邵伯镇西，北至邵伯节制闸，南至南塘，长约 2000 米，宽约 30 米。该河道目前功能已废弃，但河道整体走向、河岸护堤及码头仍然得以保留。邵伯明清大运河的前身是邗沟的一部分。1600 年，为避免湖面的风浪影响漕运，在邵伯湖东侧修建堤坝，使大运河的主航道与邵伯湖彻底分开，成为独立的航道。在故道旁的邵伯古堤上我们看到当时留下的“金堤永固”“甘棠保障”两块石刻铭记，这是在清朝两次维修大堤留下的。古堤上有邵伯铁犀，是清康熙三十八年（1699 年）运河决堤以后，当时人们为了镇水于康熙四十年（1701 年）而浇铸的，当时分两次一共浇铸了十六头，分别置于大运河弯道水流湍急之处。

游邵伯古镇，您既可以看到东晋太元年间有谢安筑邵伯埭的记载，也可以看到清代的“邵伯船闸”的照片，看到民国时期的“新式船闸”，更可以看到今天的邵伯三线船闸，邵伯已成为我国船闸演变历史的见证。目前，苏北运河航务管理处在邵伯船闸旁建了一个船闸博物馆，来展示运河上各个历史时期的船闸。

5. 因渡成镇：扬州瓜洲古镇游

从交通枢纽的角度看，运河古镇中最出名的要数因渡成镇的瓜洲古镇。由于瓜洲运河的开凿，瓜洲成为大运河的入江口和从扬州往镇江的长江渡口，致使瓜洲镇日益繁荣，成了“商贾云集，冠盖络绎，居民殷阜，第宅蝉联，甲于扬郡”的“江北第一雄镇”。瓜洲镇位于扬州市最南端，处于古运河入江口处，作为大运河南下入江的交通要冲，从唐代开始，要沿运河行船北上，绝大多数要经过长江边的瓜洲古镇。瓜洲有“千年古渡”之称。自唐末，瓜洲渐有城垒，南宋乾道四年，瓜洲开始筑城，明代瓜洲城周长一千五百四十三丈九尺，高二丈一尺。元代设置行省于此，明代设同知署，清代设巡检行署、漕运府、都督府等。瓜洲从唐代直到清代都是文人荟萃之地。唐代的李白、白居易，宋代的王安石、陆游，明代的郑成功，清代的郑板桥等，都曾在瓜洲寻幽探胜，并留下了大量吟赋瓜洲的篇章。因此，瓜洲古渡又被称为诗渡，我们在瓜洲古渡公园内就看到了一座诗廊，上面刻着历代诗人的作品，成为运河一景。

被称为诗渡的瓜洲古渡

6. 江南祠堂聚集地：无锡惠山古镇游

离开瓜洲，渡过长江来到了江南运河，江南运河上的古镇是最多的，首先来到了惠山古镇。惠山古镇以地理位置独特、自然环境优美、古祠堂群密集分布为特色，是无锡老街坊风貌保存完好的唯一街区，而且惠山古镇祠堂群为全国重点文物保护单位。大运河支流惠山浜直达古镇腹地。两岸历史文物林立，人文荟萃，又是无锡地名的发源地“无锡锡山山无锡”。惠山古镇各行业公所占一定数量，其中山货公所、木货公所、石作公所、盐业公所、建筑业行会，婺源会馆等，成为古镇亮点。寄畅园是秦少游的后代购僧舍重建，饱蕴书香之气，与大运河也有着较深的渊源。而他的后代不仅在江南运河畔的无锡建起了寄畅园，而且建起了无锡段运河的第一桥清名桥。运河对文化交流的影响可见一斑。

惠山古镇

7. 四河汇集，一望皆平：苏州平望古镇游

离开无锡，顺着江南运河来到了苏州的平望镇。平望镇有大运河、太浦河、頔塘、烂溪、新运河、市河等河道流过，素有“天光水色，一望皆平”之美誉。

大运河自此向南到钱塘一分为三，与太浦河纵轴交汇，形成了四河汇集、四水共流（京杭大运河、江南运河、太浦河、頔塘河）的独特禀赋，造就了水运时代“大商巨舶”“百货凑集”“可与通都大邑等量齐观”的“巨镇”，被阮仪三教授赞为“大运河沿线历史城镇中，传统运河空间尺度保存最好，城镇与运河空间联系最为密切的一座”。在这里我们感受到了当地政府精心呈上的一场以古镇为“全域剧场”的丰富体验。

8. 崇福聚福：嘉兴崇福古镇游

从吴江沿着大运河向南，就来到了嘉兴市的崇福镇。这里古称语溪，又名御儿、语儿，是一座有着1100多年建镇史的江南古镇。其因梁天监二年（503年）建有崇福禅寺而得名。938年置崇德县，清康熙元年（1662年），改崇德县为石门县，1958年撤销崇德县建置。崇福因运河而生，依运河而兴，是典型的江南运河古镇。历史上，江南运河四次改道都与崇福有关。因运河改道，崇福留下了“四河并流”的独特景观。位于镇东明代绕城运河上的司马高桥、崇福横街、孔庙、文壁巽塔、崇福寺金刚殿以及数个古民居群、牌坊、碑刻等众多文化遗存值得一游。孔庙前的文璧巽塔（笔）、仓沐桥（墨）、照屏（纸）和荷花池（砚），被当地人称为“文房四宝”。崇福镇的出产也很丰富，这里的蓝印花布很出名，杭白菊也产于崇福。

平望镇

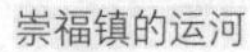
崇福镇的运河

崇福镇的孔庙

9. 吴越门户：桐乡石门古镇游

桐乡市还有一座古镇石门镇。可以用“一粒千年、一步吴越、一舟京杭、一笔人生”来概括石门的历史。石门有良渚文化的遗址罗家角遗址，距今有7000年历史。镇名来源于春秋时吴越相争，“置石门为吴越限”，在此垒石为门，故名石门，距今已有2500多年历史。我们可在吴越交界的石碑旁拍照留念。这里还有著名的石门湾，大运河自南折东穿越镇区，形成了120度的大转弯，故别称“石门湾”，大运河120度的湾是石门独一无二的资源。

石门镇的丰子恺故居

石门是当年乾隆皇帝南巡的必到之地。清乾隆十六年（1751年），建其南巡大营于镇东（今石门丝厂址），占地54亩多。乾隆帝六次南巡均驻跸于此，“龙舟凤船，曾此逶迤”，更增添了石门镇的繁荣。石门镇历史古老，名人荟萃，镇上的“缘缘堂”是著名漫画家丰子恺的故居。

10. 湖丝重镇：湖州南浔古镇游

离开嘉兴，来到了湖州南浔镇，这里位于頔塘东端，是頔塘故道上最知名的运河古镇。南浔镇原为一村落，于南宋时期发展扩大，成为市镇。15—19 世纪（明清时期）由于蚕桑业、手工缫丝业而发展繁荣，并依靠大运河支线——頔塘运河的交通便利，发展形成了基于頔塘运河的独特十字港架构格局。20 世纪初，南浔古镇依托大运河及周边地区发达的蚕桑与农耕经济，作为名甲天下的南浔辑里丝的主要产地和集散地，成长为国内最大的丝商群体，南浔也因此一跃而成为江南重要商业城镇。

南浔是中国近代史上罕见的一个巨富之镇。在这个熙熙攘攘的古镇上，有着号称“四象”的江南四大首富；又有类似《红楼梦》中宁国府、荣国府那样八家公爵似的，号称“八牯牛”的人富之户；还有拥有充满了民间嘲讽意味的，号称“七十二只黄金狗”的豪门、财主。

南浔还出过一位名人，他就是被孙中山先生称为“革命圣人”的国民党元老张静江。孙中山对于张静江资助革命的义举十分感激，曾让胡汉民回信表达谢意。孙中山就职临时大总统的第二天，就正式宣布南浔镇升级为市。

南浔镇的水上游

11. 杭州北大门：杭州塘栖古镇游

塘栖古镇

离开湖州，沿着运河来到了杭州临平区的塘栖古镇。塘栖历史悠久，始建于北宋，自元代商贾云集，明清时成为“江南十大名镇”之首。大运河穿镇而过，使其成为苏、沪、嘉、湖的水路要津，杭州的北大门。因大运河的滋润，塘栖以其独特的地理环境，形成了一个著名的水路码头。四邻八乡的物产都顺着河流来到这里贸易。据胡玄敬《栖溪风土志》记载：塘栖“财货聚集，徽杭大贾视为利之渊薮。开典、囤米、贸丝、开车者，骈臻辐凑，望之莫不称财富之地”。塘栖古镇店铺林立，百货充盈；其中以枇杷、甘蔗、荸荠、鲜鱼为大宗。清代至民国，镇内集市贸易尤为兴旺，朝市、晚市、香市、庙会支撑起半壁江山，成为江南水乡著名的水路码头。塘栖古镇还有着深厚的文化积淀，文化遗产众多，走在塘栖古街上，一间间林立的店铺能让你畅想起水运时代的荣光，一旁的广济长桥、乾隆御碑也在默默向人们细述当年的风采。

12. 大运河第一码头：通州张家湾古镇游

北京通州的张家湾古镇位于北运河边，是因航运而繁荣起来的运河码头。辽代萧太后运粮河的河口即在此处港湾。元世祖建立大都城，用粮依赖江南。至元二十二年（1285 年），万户侯张瑄首次指挥海船运输漕粮自渤海溯海河而上，再沿潞河（时称白河）逆流至此湾，然后换成小船，或调用大车陆运到大都城。后来也成为运河漕运码头。一直到清嘉庆七年（1802年）潞河（北运河）改道才停止使用，用作大运河北端码头达700多年。这里因而形成巨大的村落，因张瑄督海运到此而命名为张家湾。明清时城内商号林立，有“大运河第一码头”之称。目前，通州正在启动张家湾古镇大运河滨水文化带建设，将打造古今记忆交汇地区、漕运文化展示窗口、文化功能融合节点、文化旅游休闲胜地，为北京环球影城主题公园及度假区提供重要补充，形成一动一静、错位互补的发展格局。

通州张家湾古镇的通运桥

13. 湖中运道：微山湖中的南阳古镇游

微山县的南阳古镇位于南四湖北侧的南阳湖，由于大运河穿湖而过，所以，在这狭长的湖面上伴河形成了一个曾经显赫一时的运河名镇南阳古镇。从地图上看，古镇由东西长3500米，南北宽500米的主岛和多个自然的小岛组成的，周围碧水环抱、运河从中间穿过、小巧玲珑，犹如一幅美丽的水墨画。元朝至顺二年（1331年），这里建起南阳闸开始建镇，明代隆庆元年（1567年）漕运新渠竣工，南阳成了运送货物的码头。其后明清两代，南阳“渔船、酒船、商船、米面船往来相接，群聚檐樯林立如街市”。清政府曾在此设守备及管河主簿。乾隆皇帝下江南也曾在镇上逗留，并为马家店题写匾额。南阳繁盛之时的遗迹有皇宫所（现存）、皇粮殿、二爷庙、古运河闸、魁星楼、文公祠、大禹庙、杨家牌坊、不沾地旗杆等。还有乾隆皇帝走过的、被珍藏了230年之久的门槛。南阳街有史以来就是以商贸交易繁华而著称的，至今仍然经久不衰。老街上分布着大大小小的店铺商号，现在仍可以查询出旧时的老字号名，还有清代钱庄、水神庙等遗迹。

微山湖中的南阳古镇

14. 苏北水域胜江南：徐州窑湾古镇游

徐州新沂市的座窑湾古镇素有“东望于海，西顾彭城，南瞰淮泗，北瞻泰岱”之说，号称“黄金水道金三角”，有“苏北水域胜江南”之称。依托水运的优势，窑湾逐渐发展成为大运河上的重要码头和商业重镇。在明清漕运鼎盛时期，窑湾为南北水陆要津，往来船只南达苏杭，北抵京津，工商贸易曾昌盛一时。到民国初期，镇上常驻人口达3万人，流动人口达1.5万人，故又被称为“小上海”。随着明清漕运和盐业的兴盛，窑湾商肆栉比，商贾云集，街上行人如织，水上舟楫连绵。清末民国初期，窑湾镇有商号、工厂、作坊等360多家，其中钱庄就有13家。东三省货物经窑湾远销南洋、日本等地。英国、法国、荷兰等国家的商人、传教士来窑湾经商传教，当年镇上设有美孚石油公司、亚西亚石油公司和五洋百货等外国公司。外国的汽艇、国内的小货轮在窑湾码头来往穿梭，河面桅樯林立，当时有商铺、

徐州窑湾古镇

宅院、教堂、庙宇8000多间。窑湾古镇的主要景点有：吴家大院、赵信隆酱园店、中国典当博物馆、窑湾民俗博物馆、大清窑湾邮局、江西会馆、山西会馆、苏镇扬会馆、天主教堂等。有窑湾特产绿豆烧酒和桂花糕等。

看到运河古镇的景色这么美，游运河古镇您或会走大运，您是不是立刻就想来一场说走就走的大运河古镇游？

第五节
大运河园林游

1. 北京颐和园

颐和园为北京市古代皇家园林，前身为清漪园，与圆明园毗邻。它是以昆明湖、万寿山为基址，以杭州西湖为蓝本，汲取江南园林的设计手法而建成的一座大型山水园林，也是保存最完整的一座皇家行宫御苑，被誉为“皇家园林博物馆”。乾隆十五年（1750年），乾隆皇帝为孝敬其母孝圣皇太后动用448万两白银将这里改建为清漪园，形成了从现清华园到香山长达20公里的皇家园林区。咸丰十年（1860年），清漪园被英法联军焚毁。光绪十四年（1888年）重建，改称颐和园，作消夏游乐地。1998年11月被列入《世界遗产名录》。2007年被批准为国家AAAAA级旅游景区。

颐和园 1

2. 扬州园林

瘦西湖视频

扬州园林众多，这里主要介绍瘦西湖、个园和何园。

（1）扬州瘦西湖风景区

瘦西湖是来扬州必看的景点。位于扬州市西北郊的瘦西湖是从清代扬州城北垣绵延至北郊蜀冈的狭长水体，总长约 4.5 公里，宽度 13~116 米。瘦西湖是由隋唐大运河水系和隋、唐、宋、元、明、清等不同时代的城濠连缀而成的带状景观，始终与大运河保持着水源相通的互动关系。现为国家重点风景名胜区、国家 AAAAA 级旅游景区、全国文明风景旅游区示范点。瘦西湖最早的两段水体形成于隋代。宋元时期，与城壕连接成一个更大范围的水系，成为扬州城的西护城河。瘦西湖水道沿用历代扬州城护城河，并经人工疏浚、凿通，在清乾隆年间（1736—1795 年）形成一条连贯的细长又富曲折

扬州瘦西湖

变化的线形水体。瘦西湖是大运河的支流，同时也是大运河上独特的文化景观，瘦西湖作为扬州城市水系的重要组成部分，通过多条河道与大运河相连。瘦西湖反映了大运河沿线经济的繁荣和由此而生的文化发展情况，是与大运河带来的思想、文化、技艺的交流和汇集密不可分的运河文化景观。

（2）个园

个园由两淮盐业商总黄至筠于清嘉庆二十三年（1818 年）在原明代“寿芝园”的基础上拓建为住宅园林，以遍植青竹而名。这是扬州城内最佳赏竹处。现有竹 60 余种，近 2 万竿，不乏稀有品种，如龟甲竹、方竹等。个园的另一个特色就是以四季假山而胜。用笋石、湖石、黄石、宣石分别叠成春夏秋冬四季假山。个园假山采用了“春山宜游，夏山宜看，秋山宜登，冬山宜居”的画理，融造园法则与山水画理于一体，让人叹为观止，难怪园林泰斗陈从周先生称个园叠石为“国内孤例”。

个园视频

（3）何园

何园又名“寄啸山庄”，被陈从周先生誉为“晚清第一园”。由清光绪年间退休官员何芷舠所造。全园分为东园、西园、园居院落、片石山房四个部分。片石山房是清代石涛大师留在人间的唯一叠石作品。何园的复道回廊被称为“天下第一廊”，回廊分上下两层，或直或曲，全长 1500 多米，将东院、西院及园居院串在一起，即便雨天，也可免湿衣之扰，被誉为中国立交桥雏形。何园还有一个特别的地方——水心亭，是扬州园林中仅有的水中戏亭，供赏曲听戏、观景纳凉之用，是全方位无死角观戏台。据说还具有通过水面及走廊的回声产生音乐共鸣的作用。用现在的话说就是环绕立体声。另一端是主人的餐厅，来了客人，主人可以邀请客人坐在餐厅，边欣赏戏剧演出，边品茶喝酒。据说，《红楼梦》《还珠格格》等许多著名影视作品都在此取景。过去，扬州有些老人过生日时，都喜欢来何园摆几桌，同时请一台戏，让亲朋好友边赴宴，边听戏，好不惬意。

个园

何园水心亭

何园中的“水中月，镜中花”更是值得探寻，您能否在其中找到惊艳之处就等您到何园探密。《何氏家训》是何园的另一亮点，何家培养了那么多优秀人才跟这很有关系，当您读完《何氏家训》，也会对您产生深厚影响。

何园视频

3. 苏州园林

苏州私家园林最早见于记载的是东晋（4 世纪）顾辟疆所建的辟疆园。明清时期，苏州私家园林遍布古城内外，有园林 200 余处。现有拙政园、留园、狮子林、沧浪亭、环秀山庄、艺圃、耦园、网师园、退思园等 9 座园林被列入《世界遗产名录》。苏州园林是文化意蕴深厚的“文人写意山水园”。

苏州拙政园

苏州环秀山庄 1

苏州环秀山庄 2

苏州环秀山庄厅庭窗人景合一

4. 杭州西湖

来杭州，必游西湖。整个杭州市就是以秀丽的西湖为中心展开。西湖景区是三面云山，中涵碧水，只见沿湖地带绿荫环抱，山色葱茏，画桥烟柳，云树笼纱，逶迤群山之间，林泉秀美，溪涧幽深，让人一下子就喜欢上了。西湖的90多处各具特色的公园、风景点中，有三秋桂子、六桥烟柳、九里云松、十里荷花，更有著名的“西湖十景”以及相继建成开放的十多处各具特色的新景点，将西湖连缀成了色彩斑斓的大花环，使其春夏秋冬各有景色，晴雨风雪各有情致。可以说西湖山、泉、湖、桥、塔、寺样样俱全。给我们印象最深的是西湖景区不收门票，西湖沿岸，城市和公园并没有绝对的界限，茂盛的植被与各色小店融为一体。杭州人就是以这样的真诚，吸引了世界各地的游客来旅游。运河园林四种类别都是精品，这可是运河研学游不可缺少的景点。

第六节
大运河博物馆游

大运河博物馆是运河文化的集中体现，游大运河博物馆，不仅能深入了解运河文化，增强文化自信，而且还有助于推动看运河、走大运研学活动的开展。

1. 洛阳隋唐运河博物馆游

河南洛阳的隋唐运河博物馆分为新老两座，老的隋唐运河博物馆位于老城区，依托古建筑群山陕会馆筹建而成。山陕会馆是清康熙雍正年间建造的，设在山陕会馆东西廊房、东西官厅内的隋唐运河博物馆展厅，主要包括两个展厅。图片展有 4 个部分，包括隋唐大运河的开凿、隋唐大运河的繁荣和作用、运河遗珠、隋唐大运河洛阳段的保护和申遗。全息投影更直观，长沙窑奔鹿纹青瓷执壶、越窑双系瓷注子、三彩珍珠纹贴花带盖罐展示在观众面前，仿佛伸手就可以触碰。为让游客更加清晰地了解大运河的分布和流向，博物馆还在会馆中央广场上，制作了一块 150 平方米左右的大运河水系浮雕图。在浮雕图上，大运河的流向及其沿线城市分布一目了然。

新建成的隋唐大运河文化博物馆人流如潮。远远地举目远望，隋唐大运河文化博物馆的全貌就会展现在眼前。居高临下的视角，有点无人机航拍的效果。博物馆建筑立面是富于变化的 U 装饰，像大运河波光粼粼的水面，又像是大运河水面上一艘艘帆船，让人浮想联翩。隋唐大运河文化博物馆的设计理念是“运河源、隋唐韵、河洛技”，彰显隋唐洛阳城作为运河节点城市的时代特色和地域特色，凸显运河之源的象征意义。博物馆以《国运泱泱——隋唐大运河文化展》作为基本陈列，以贯穿大运河历史的时间脉络为线索，总体内容划分为四大部分：即“形胜天下，运河中心”“千年运河，万物通济”“东都盛世，国运繁华”“古今辉映，源远流长”。展厅内的古船遗迹、三彩人物俑、石刻造像等隋唐遗物把我们带入了那遥远的隋唐时代。互动沉浸式体验，让人穿越到古代世界，站在船板上，科技的力量让我们几十秒就能浏览山川湖海。

洛阳隋唐运河博物馆

洛阳隋唐大运河博物馆展陈

2. 聊城中国运河文化博物馆游

国内第一座以运河文化为主题的专题博物馆是聊城中国运河文化博物馆。馆名由我国著名社会学家、人类学家费孝通先生题写，用笔线条劲挺，顿挫缓急，如行云流水，文化感十足。聊城中国运河文化博物馆建筑面积1.6万平方米，陈列面积7000平方米。博物馆共5层，地下1层，地上4层，分陈列区、收藏区、研究和学术交流区三个功能分区。可以说是聊城市最大的集文物收藏、保护、研究、陈列、宣传教育于一体的大型综合类博物馆。提升改造后博物馆刚开放，凭借它的时尚感、科技感，一经亮相就吸粉无数，前来参观的市民游客络绎不绝。一进博物馆大门，就看到的是一艘元代古船踏着悠悠运河水，向人们缓缓驶来。据讲解员介绍，它在 2002 年对聊城的运河进行整治时被意外发现，长 17.5 米、宽 4.5 米，内含有 11 个船舱，从它的载重量以及吃水力度，可以想象到元代时期聊城运河的规模还是非常大的。改造提升后的运河文化博物馆，在内容和形式上都进行了重新梳理，将展览设置为“水工科技”“制度管理”“运河风情”等六部分，以交互式的手段将馆藏精品文物、多媒体投影、微缩景观和大型艺术场景有效融合，为游客们带来了沉浸式的观展体验。博物馆新引进的裸眼 3D 影片《飞阅大运河》给游客带来了从视觉到听觉全方位的震撼。该馆的运河文化陈列荣获首届“山东省博物馆纪念馆十大精品陈列”。

聊城中国运河文化博物馆

3. 杭州中国京杭大运河博物馆游

中国京杭大运河博物馆就坐落在大运河南端终点标志——拱宸桥边。博物馆总用地面积为 52910 平方米，建筑风格为“传统而不复古”，建筑环运河文化广场呈扇形状伫立，造型平坡结合，立面细部上提取中国古代传统建筑符号，经提炼简化，通过独特的开放式格局，将室内外景观融为一体，将运河、桥、船、埠巧借为活的展物，呈现“一馆二带二场三园六埠十五桥”为重点的运河系列景观。走进博物馆，迎面一艘古朴沧桑的漕运船在缓缓驶来，两侧是古老的桥墩模型，大厅的地板全由玻璃铺成，玻璃底下是波光粼粼的仿真水面。在设计成灿烂星空天花板的照耀下，置身其中，仿佛泛舟运河之上。博物馆展览面积有5000余平方米，分序厅和“大运河的开凿与变迁”“大运河的利用”“运河畔的城市”“运河文化”四个展厅。

在杭州中国京杭大运河博物馆的基础上，又在设计京杭大运河博物院。它的设计背后还有一个故事：2019年8月，杭州广发英雄帖，向全球征集新的京杭大运河博物馆新项目京杭大运河博物院的设计方

新建的杭州京杭大运河博物院效果图

杭州中国京杭大运河博物馆

案。来自瑞士、曾设计国家体育场——“鸟巢”的赫尔佐格和德梅隆事务所脱颖而出。博物院的设计灵感由大运河水道而生，腰间一道“玉带”，外立面由弯曲的玻璃组成，与波光粼粼的运河水相得益彰；中央的白色建筑像山，整体看起来是“依山面水”的格局。不同于综合博物馆，京杭大运河博物院是一个专题博物馆。未来这里既会运用高科技手段，让大家沉浸式地体验京杭大运河的文化。

4. 扬州中国大运河博物馆深度游

扬州中国大运河博物馆是网红打卡地，位于扬州运河三湾，与运河三湾的文化和生态紧密结合。博物馆整体造型像一艘巨型船只，加上风帆元素，酷似一艘扬帆起航的巨轮。博物馆由展馆、内庭院、馆前广场、大运塔和今月桥五部分组成。

馆内设多个主题展厅、考古研究所、文创商品销售、餐饮、儿童体验、小剧场、文物库等，在博物馆东侧板块建设了非遗文化博览园一期，定位为“以运河为主题、非遗为特色、多元休闲体验”的文旅休闲区。

扬州中国大运河博物馆俯瞰照片

扬州中国大运河博物馆展示的漕船

一号展厅是“大运河丨中国的世界文化遗产”，是通史展，全景展示中国大运河历史面貌与文化价值，分为“运河沧桑、王朝基业”“天工慧光、中华勋业”“融通九州、社稷鸿业”“泽被天下、万民生业”“通古达今、千秋伟业”五个部分，主要选取了运河沿线省市的亮点特色，通过文物、辅助展品、图表、照片、场景、模型等多种手段进行展示。二号展厅“运河上的舟楫”。运河上的百舸千帆——船模展示，让人眼花缭乱，运河舟楫的演变、舟楫的类型以及古代绘画作品中的舟楫，大开游客的眼界。登上“沙飞船”，可以体验一场美妙的运河之旅。在全数字化的立体环幕渲染下，舟行水上，微波将河面劈出两半，向前，入洞穿桥，和迎面而来的舟楫擦身而过。两岸垂柳依依，店招林立，街肆通明，叫卖声、洗衣声、喧闹声，身临古代市井，浓郁的生活气息带来穿越的错乱之感。船身轻摇，远山如黛，大运河的水墨画卷将运河两岸人民的恬淡生活呈现得淋漓尽致。三号展厅“因运而生——大运河街肆印象”，重现古代运河沿岸繁荣景象。一条主街将不同时空的“运河故事”进行串联，以真实的视觉、触觉、味觉、嗅觉、听觉体验，多个维度让观众身临其境，开启一场穿越隋、唐、宋、元、明、清的时空之旅。这里最大的亮点就是文化体验充满互动性、新颖性、兴趣性，人们在参观中感受运河文化的魅力。就是整个空间的光线不是太好，拍照片效果不怎样，用闪光灯又影响画面质量，如果您要拍照，最好准备单反相机和闪光灯！

馆中的运河街市

晚霞中的扬州中国大运河博物馆

“运河湿地寻趣”展览是针对儿童的，走进展厅内，明亮的展览颜色让人眼前一亮，逼真的动物标本、仿真的水环境系统以及小鱼小虾们在微缩景观内自由地游动，一切都充满了童真与趣味。展厅内设置多种互动方式，小朋友们可以从探究性学习的角度，了解运河不同植物分布的情况。位于负一楼的“运河迷踪”展则专为青少年观众打造，在全开放式的体验空间内，以青少年喜爱的古风和二次元风格呈现，通过“密室逃脱”游戏方式，让青少年在解密中，了解运河水工科技、体验运河探索乐趣、领略运河沿岸风物。八号展厅“河之恋”，刚进去时游客不敢往前迈步，因为地上全是水。其实这不是真的水，而是投影机投射出来的水的影像。全息投影让人们全方位感受四季变化，一会儿桃花飘落，一会儿大雪纷飞，一会儿电闪雷鸣。随着画面的变幻，我们看到荷塘夜色、鱼水交融、亭台楼阁、船帆江鸟，还可以与这些影像互动，踩水嬉戏中波纹弥漫、锦鲤游来时伸手触碰其又与我们擦身而过、撩拨荷叶摇头摆首，亦幻亦真的景象让我们仿佛梦回古运河，与历史链接、与古人同游。这种感受真的太美妙了！

三个常设展览、九个专题展览，堪称中国大运河的“百科全书”。博物馆陈列实现了从静态到动态、从单一到多元、从参观到参与、从知识到见识、从技术到艺术等多维度功能提升，体现出具有国际影响力的“千年运河”的时代活力。

5. 中国大运河非物质文化遗产展示馆体验游

中国大运河非物质文化遗产展示馆坐落于沧州市园博园，展馆分为三层，两个主要展厅分别是中国大运河非物质文化遗产总览厅和“一船明月过沧州”——沧州非物质文化遗产保护成果展。

走进一楼的中国大运河非物质文化遗产总览厅，一块巨大浮雕映入眼帘，北京、天津、沧州等大运河沿线城市的航运风貌、代表性建筑景观和非遗项目蕴含其间。大运河自北向南，流经北京、天津、河北、山东、河南、安徽、江苏、浙江8个省市，因此非遗馆共设置了8个展厅，将大运河沿线8个省、直辖市的非物质遗产分别展出。

中国大运河非物质文化遗产展示馆

一进入主展厅，首先映入眼帘的是大运河北京段，北京是元明清三个朝代大运河漕运的终点，各地的宝物、工匠、戏曲等都汇聚到皇城，所以无论在建筑、工艺还是文化艺术方面，北京都是集大成者。北京展厅主题为“灯火明京城”，展区中心摆有一件景泰蓝作品《船承大运》，船身主体由铜胎掐丝珐琅制成，船帆由运河流经的8省（市）的代表花卉组成，寓意着8省（市）璀璨文化的共同传承。惟妙惟肖的毛猴，是用中药材蝉蜕、辛夷、白芨和木通制成的。还有京剧《张飞走边》让人感受京剧的韵味悠长。地道北京风物、老北京吉祥物兔儿爷、景泰蓝作品《船承大运》，都让人叹为观止。

接下来进入天津展区，天津的三岔河口就是南、北运河与海河的交汇处，漕运和海运都非常发达，天津具有“五方杂处”“南北荟萃”的鲜明特征。展厅以“津门百业传”为主题，搭建“津门故里”牌楼，杨柳青木版年画与泥人张的店铺就在其中。天津展厅采用了泥人张的作品《津门码头》，通过塑造35个泥塑人物及与之对应的场景，展现天津三岔河口百业兴旺的繁荣场面。

在河北展厅，磁州窑作品吸引了游客的目光，馒头窑是磁州窑的古窑，设计巧妙，内部有沉浸式投影，可以欣赏到磁州窑精美的花纹。因大运河贯通而变得知名的胜芳灯会、河北梆子、冀南皮影戏、木板大鼓、冀南四股弦等也一一展出，让人大饱眼福。

山东展厅，被誉为“文化泰山”的孔子雕塑首先映入眼帘。山东快书、泰山皮影戏等非遗项目，叙说着熠熠生辉的齐鲁文化长廊故事。祭孔大典，泰山东岳庙会，让人耳目一新。泰山皮影不仅声腔有特点，脸谱系列也很有地域特点，但它最为突出的特点还是它的表演方式，叫作“十不闲”，也就是一个人演出一台皮影戏。

进入河南展区，一幅长达五米的汴绣《清明上河图》，从建筑、景物到车马、舟桥，再到人物，展现得生动细致。洛阳被称为牡丹花城，这里展出了洛阳牡丹花会，既有赏花，又有各种表演。听段河南坠子，敲一下河洛大鼓。还可以看到唐三彩、钧瓷、汝瓷、绞胎瓷等。牡丹花展区上下呼应的牡丹花造型设计，向游客展现了“洛阳牡丹甲天下”的风采。

安徽展区则是白墙黛瓦，如诗如画，这里有闻名古今的徽州文房四宝，徽墨、宣纸、歙砚和宣笔，让人感受安徽传统文化的魅力，对书法感兴趣的你一定不要错过，感受文房四宝的魅力。

江苏展馆复原了一条运河上的官船，展示了御窑金砖、淮盐和传统造船技艺。展区内展出的著名的南京云锦的织机——大花楼织机，是我国古代提花机发展的顶峰，需要两个人上下配合操作，织出的云锦“寸锦寸金”。苏绣作品《千里运河非遗大观长卷》令人震撼，由16名绣娘每天工作15个小时，历时4个月完成，描绘的就是运河流经8个省市的代表性建筑景观，以及41项非遗项目。快来近距离观赏织造精品。

浙江是大运河的最南端。浙江展区，东阳木雕《好运连绵》运用多层叠雕的技法，雕工精细，画面优美。厅内还展示着有类玉之美的龙泉青瓷，釉色青翠。西泠印社为展示馆篆刻的印章，体现了金石篆刻“以方寸之间传万世风神，以刀情笔趣载千秋讯息”的独特魅力。更有独特的龙井茶制作技艺，通过有趣的人物模型，生动地演绎出这套具有鲜明特色的炒制工艺。一组动态装置生动展示了茶叶经摊放、青锅、成条等炒制工艺后，就是龙井茶制作的全过程。

而另一个展厅沧州非物质文化遗产保护成果展，则集中展示了沧州的各类非遗作品，有丁香烧鸡制作技艺、纯阳剑、黄骅大酱等，更有声名远扬的沧州武术和吴桥杂技。沧州铁狮子雕塑让人连连称赞！巴掌大小的鼻烟壶内匠人绘制出江山美景！

非遗展示馆二层有两个展厅，分别是见人见物见生活——大运河生活美学展和指尖大运河——非遗技艺体验和研学馆。中国大运河非物质文化遗产展示馆通过全景导览、技艺体验、场景还原，在抽象的沧州铁狮子上投影出一个个非遗和沧州人文随着光影移动，往复循环。全方位展现运河沿线独特的人文风情与多元民间艺术，让游客沉浸式感受大运河非遗文化的魅力。开馆以来备受瞩目。

世界遗产国际青少年夏令营走进大运河

与大运河相关的博物馆还有北京通州的漕运博物馆、天津的杨柳青年画博物馆、无锡南长街的丝业博物馆、嘉兴海宁的长安闸展示馆、宁波的运河文化展示馆、扬州的马可·波罗纪念馆等。行走运河就会走大运，这是运河沿线人民的朴素情感。这些博物馆都可以成为您运河研学的目的地。游运河，走大运，相信，随着大运河文化带建设的进程和大运河国家文化公园建设的推进，大运河一定会成为重要的国际旅游目的地。

6. 北京大运河博物馆沉浸式游

北京大运河博物馆位于北京城市副中心城市绿心森林公园西北部，毗邻六环创新发展轴，与邻近的北京艺术中心、北京城市图书馆一并成为北京城市副中心新的重要公共文化设施。将与首都博物馆从历史文化的角度共同诠释“都”与“城”的关系，展览展示各具特色、珠联璧合。

这座智慧型综合博物馆集展览展示、社会教育、文保修复、收藏保管等功能于一体，由共享大厅、展陈大楼（主楼）和休闲水街组成。从外观看，北京大运河博物馆展陈大楼南侧呈绿化退台层层叠落，向城市绿心森林公园自然过渡，室内与室外空间高度交融，为观众提供在参观中享受自然的空间。

北京大运河博物馆设计理念源于古运河图景中的船、帆、水三个元素——共享大厅屋顶造型像“船”，展陈大楼屋顶造型像“帆”，两座建筑间有一条长约 270 米、宽约 20 米的休闲水街。观众站在远处看博物馆，展陈大楼建筑高于共享大厅，5 片船帆状的屋顶高低错落，曲线饱满，动感十足。同时，展陈大楼立面通过街巷路口、篷架、门楼等柔化建筑体量的元素与水系结合，形成一处类似于运河驳岸码头的场景。

值得一提的是，这座博物馆全面执行绿色建筑三星级标准，充分利用清洁能源，为节能减碳做出示范。经综合测算，每年可减少二氧化碳排放近 5000 吨。

北京大运河博物馆围绕大运河与北京相辅相成的密切关系，以人、水、城为内容主线，从人文地理视角、生态文明高度展示北京城市发展历史、建设成就，推出一系列重磅展览。以北京城市总体规划为指导，紧密配合北京城市战略定位，与首都博物馆从历史文化的角度共同诠释“都”与“城”的关系。展陈体系由基本陈列、专题展览、开放展示、临时展览四大类型构成。

基本陈列“京华通惠 运河永济——北京与大运河历史文化陈列”位于展陈大楼二层的 4 个展厅。通过 8 个部分超过 1000 件文物、艺术品，以时间为轴，生动还原大运河发展演变历史，着重展示大运河与北京的密切关系，系统展现运河沿线人文历史价值内涵。

第一部分“江河道渠 水运初兴”，概述史前至南北朝时期区域性运河建设情况及北京人水关系。以大型沙盘“人·水·城”展演与互动相结合的方式，讲述从先民依水而居到先贤营城理水，从人类起源到国之首都的北京故事，展现人与水、城与河的共生关系。

第二部分“渠通幽州 多元融合”，展示隋唐大运河沟通南北的伟绩。隋代大规模开凿、疏浚运河，形成以都城为中心，北抵涿郡（今北京）、南达明州（今宁波）的大运河体系，实现大运河的第一次全线贯通，并在唐代得到维系和发展。隋炀帝兴修永济渠，是由中原直通今北京地区的第一条运河，成为隋唐帝国向幽州（北京广安门附近）运送兵员与物资的主要渠道之一，承担着重要的军事政治功能。

第三部分“辽金建都 漕运通济”，展示辽金时期北京在解决水源、畅通水道方面为后代大运河建设积累的经验。这一时期，北京从北方军事重镇向政治、文化中心城市转变，城市地位提升，城市职能扩大，人口大量聚集，对粮食和各种商品产生了巨大需求。

第四部分“大都既定 一脉贯通”，展示元代将大运河裁弯取直，奠定了京杭大运河的基础。元代水利专家郭守敬将隋唐大运河裁弯取直，修建通惠河，使江南漕船直达大都积水潭，京杭大运河全线贯通。伴随着水运交通的畅通，物资交换、人员交往、风尚交融，京师文化传播辐射到运河沿线地区，引领潮流，形成南北融合、中外互鉴的开放格局。

第五部分“京师繁会 帆樯络绎”，展示明清时期京杭大运河发挥政治国脉、经济命脉、社会动脉的重大作用。明清两朝定鼎北京，大运河不仅为京师输送了源源物资，更输送了济济人才。为北京创造了特有的人文景观和深厚的文化积淀，使北京成为全国的文化中心。

第六部分“漕运转型 曲折探索”，展示民国时期探索北京河渠水道的综合治理和利用。民国时期，京杭大运河处于历史的低谷，功能从“国家漕运”向“内河航运”转变。社会各界运用新型技术治水的理念层出不穷，治理方案也几经尝试。伴随着近代城市化发展，有识之士开始着眼于从“水环境与地域文化”的角度探索北京河渠水道的综合治理和利用方式。

第七部分“运河新生 造福京城”，展示新中国成立后大运河经过综合治理焕然一新。新中国成立后，全民积极参与北京段大运河整治建设。同时，北京段大运河与城市引水输水工程共同构成首都“西蓄东排”的城市水系格局。

第八部分“城河共生 交相辉映”，充分展示党的十八大以来，北京推进大运河文化带和大运河国家文化公园建设取得的突出成就。北京段大运河成为城市发展建设和人民幸福生活的文化之河、生态之河、发展之河、融合之河、民生之河。展览采取开放式结尾，翘首展望大运河与北京的美好愿景。

博物馆开放之初，两项专题展览同步开放。专题展“北京大运河揽胜图卷”长 27.4 米，观众可跟随艺术家的视角共同体验大运河沿途的历史文化遗产和北京的标志性建筑。专题展“不止运河——

沉浸式体验展”采用目前国内博物馆规模最大的三维衍射系统装置，观众可穿越时空，畅游大运河。

不止运河视频

另外，展陈大楼设有公共艺术平台展区。陈列来自北京燕京八绝博物馆、北京金漆镶嵌艺术博物馆的国家级非物质文化遗产工艺作品及相关文物，包括金漆镶嵌、花丝镶嵌、景泰蓝、玉雕、雕漆、京绣等，还有陈列有名家雕塑作品，都值得去观赏。

后　记

这是我写的第二十本大运河图书了，也是有关大运河旅游的第三本图书、大运河研学的第一本图书。作为大运河系列丛书，与其他运河书籍不同的是，因为这本书是与出版社共同商量的选题，在写作方式和运作模式上都作了一些新探索。

在写作方式上，不仅介绍运河知识、运河价值和运河旅游资源，而且介绍运河研学的打卡点，这是一个创新。在运作模式上，过去写书只是通过书店销售，让读者通过阅读图书，了解大运河，进而去沿着大运河旅游。这本书却采取了与旅游管理单位或商家合作的模式，让读者通过打卡，获得一定的奖励；让商家通过给读者一定奖励来宣传产品，既帮助商家推介旅游产品与服务，也让商家参与到图书的销售中，取得共赢的效果。希望这种尝试能够取得实际效果。

特别感谢周文彰先生为本书作序。为本书提供图片的有运河沿线城市的广大同行：吴育华、吴益群、王支援、王合忠、刘江瑞、管斌、赵辉、刘奇斌、孙万刚、蒋永庆、黄钢、黄培、张卓君、姜国权、潘娟、杨梦、施晓平、徐书君、宋桂杰、倪学萍、胥传杰、刘昌东、吴同祥、张元奇、李牧、周泽华、金晶、吕志伟、何广才、丁华、王维国、刘静、范国正等，还有故宫博物院、中国国家博物馆、扬州双博馆、洛阳隋唐运河博物馆、北京市通州区文旅委、扬州日报社、江苏省扬州市文旅局、浙江省桐乡市文旅局、河北省香河县文旅局、河北省邢台市油坊镇、扬州富春集团、扬州锦春大酒店、扬州东逸珍味馆、中国大运河原点公园等单位。在此，对所有为本书提供帮助的同事们、战友们，对运河沿线同行表示衷心的感激。

姜师立于 2024 年 3 月 9 日

编辑按：本书发行后，如还有中国大运河沿线热门景点、非遗、古迹等未记入且您愿意提供资料并想列入打卡点，请将资料和联系方式发送邮件至 zoudayun2024@126.com，我们审核后会根据情况加入“研学打卡表”，供更多游客打卡。如您还能另外提供打卡奖品，则更加丰富我们的中国大运河研学之旅。后续增加的视频等富媒体呈现的内容请扫右侧二维码查看。

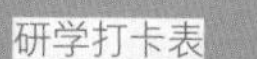
研学打卡表　走大运富媒体呈现

图书在版编目（CIP）数据

走大运：中国大运河研学之旅 / 姜师立著 .
北京：中国城市出版社，2024. 6. -- ISBN 978-7-5074-3722-5

Ⅰ . K928.42

中国国家版本馆 CIP 数据核字第 2024WJ1106 号

责任编辑：张礼庆
书籍设计：张悟静
责任校对：赵 力

走大运
中国大运河研学之旅
姜师立 著
*
中国城市出版社出版、发行（北京海淀三里河路 9 号）
各地新华书店、建筑书店经销
北京雅盈中佳图文设计公司制版
建工社（河北）印刷有限公司印刷
*
开本：850 毫米 ×1168 毫米 1/32 印张：9⅞ 字数：273 千字
2024 年 6 月第一版 2024 年 6 月第一次印刷
定价：**88.00** 元
ISBN 978-7-5074-3722-5
（904703）